POITIERS. — IMPRIMERIE DE HENRI OUDIN.

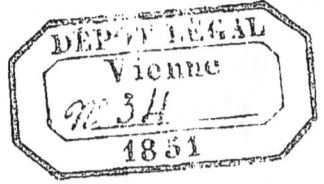

DOCUMENTS

CONTEMPORAINS

POUR SERVIR

A LA RESTAURATION DES PRINCIPES SOCIAUX

ET

A LA RÉCONCILIATION DES PARTIS.

Justitia et pax osculatæ sunt.

PRIX : 2 FRANCS.

POITIERS

AU BUREAU DE L'*ABEILLE DE LA VIENNE*

RUE DE L'ÉPERON, N° 4.

HENRI OUDIN, IMPRIMEUR-LIBRAIRE.

1851

INTRODUCTION.

« Point de paix dans la société dont les doctrines et les lois s'écartent de la loi et des doctrines sociales, et quiconque, homme ou peuple, nie ces doctrines, ne fut-ce qu'en un seul point, cet homme, ce peuple rebelle à Dieu subit à l'instant le châtiment de son crime. Un malaise inconnu s'empare de lui. Je ne sais quelle force désordonnée le pousse et le repousse en tout sens, et nulle part il ne trouve le repos. Comme Caïn après son meurtre, il a peur. »

Quand il écrivait ces lignes, M. de Lamennais n'avait pas encore fermé son intelligence et son cœur à la vérité : aussi semblait-il avoir reçu d'elle cette précieuse faculté de pénétrer dans les secrets de l'avenir, faculté qu'elle procure, dans une certaine mesure, aux âmes d'élite qui la cherchent avec bonne foi et la suivent avec persévérance. Voilà bien le châtiment, le supplice qui tourmente la société française ; elle a peur. Et de quoi peur ?... L'ennemi est-il à nos portes menaçant d'envahir nos frontières ? non ; et quand cela serait, la France n'aurait pas peur : elle connaît ses enfants, elle les a vus promener glorieusement ses drapeaux dans toutes les capitales de l'Europe, elle a la conscience de sa valeur guerrière : elle s'enivre à l'odeur des batailles, la France ; non, elle n'a pas peur devant l'étranger... Est-ce donc alors que son sol aurait cessé d'être fertile, et qu'après l'avoir inutilement arrosé de ses sueurs, elle n'en espérerait plus rien ? Est-ce que la famine serait sur le point de décimer nos populations ? Est-ce que quelques-uns de ces fléaux du ciel, contre lesquels toute la puissance de l'homme échoue, est-ce que « ces anges exterminateurs, qui n'ont jamais manqué aux peuples corrompus, » dit M. Donoso Cortès, menaceraient de se coucher sur la France et de dévorer ses entrailles? Non, tels ne sont point les motifs de la peur qui tourmente la société française.

Comme Caïn après son meurtre, nous avons peur. Nous avons peur de nos fautes non encore expiées. Nous voyons le mal que nous avons fait, nous le voyons assez pour en avoir peur, pas assez pour nous en repentir. Nous sentons venir les terribles conséquences de nos fautes, et nous n'avons pas le courage de les prévenir par une réparation. Poussés et repoussés en tout sens, ballottés entre notre passé coupable et un avenir menaçant, en proie aux convulsions irréfléchies de l'effroi, nous nous agitons dans les ténèbres morales dont nous nous sommes enveloppés, et nous avons peur de nous-mêmes. Pourquoi ne comprenons-nous pas que pour sortir de ce milieu ténébreux il nous suffirait d'ouvrir les yeux et de consentir à voir la lumière qui nous inonde? Pourquoi ne sentons-nous pas qu'il nous suffirait d'un aveu et d'un bon propos pour enlever tout prétexte à cette peur qui n'a pas de motifs en dehors de nous?

Nous avons méconnu les doctrines sociales; nous les avons nié; nous y avons substitué des lois arbitraires, des doctrines de fantaisie, et un malaise inconnu s'est emparé de nous. Nous cherchons un remède à ce malaise, et, suivant l'expression de Donoso Cortès, « nous allons à notre perte par la voie même que nous avons choisie pour nous sauver. » Plus nous votons de lois pour assurer le bon ordre, et plus nous voyons s'accroître l'anarchie; plus nous décrétons de constitutions pour garantir à la fois le pouvoir et la liberté, et plus vite le pouvoir s'écroule, et plus rapidement s'en va la liberté... C'est que tout notre échafaudage législatif manque de base; c'est que toutes nos constitutions improvisées sont antipathiques à la nature des choses.

« L'on s'est imaginé beaucoup trop longtemps, écrivait J.-B. Say, que l'ordre social est tout entier l'effet de l'art, et que partout où cet ordre laisse apercevoir des imperfections, c'est par l'imprévoyance du législateur ou par la négligence du magistrat. De là sont nés ces plans de sociétés imaginaires comme la République de Platon. Chacun a cru pouvoir remplacer une organisation défectueuse par une meilleure, sans faire attention qu'il y a dans les sociétés une *nature des choses* qui ne dépend en rien des volontés de l'homme et que nous ne saurions régler arbitrairement. •

Or, en France, la *nature des choses*, c'est la monarchie; et la preuve, c'est que la France a souffert toutes les fois que la monarchie a été mise en péril; c'est que, depuis la chute de la monarchie, la vie de la France n'est plus qu'une douloureuse agonie.

« N'oublions pas, a dit M. de Lamartine dans une circonstance solennelle (1), n'oublions pas que notre avenir est lié indissolublement à celui de nos rois; qu'on ne peut séparer l'arbre de la racine sans dessécher les rameaux, et que la monarchie a tout porté parmi nous, jusqu'aux fruits parfaits de la liberté. L'histoire nous dit que les peuples se personnifient pour ainsi dire dans certaines races royales, dans les dynasties qui les représentent; qu'ils déclinent quand ces races déclinent; qu'ils se relèvent quand elles se régénèrent; qu'ils périssent quand elles

(1) Disc. de réception à l'Académie française, 1er avril 1830.

succombent, et que certaines familles de rois sont comme les dieux domestiques qu'on ne pouvait enlever du seuil de nos ancêtres sans que le foyer lui-même fût ravagé ou détruit. »

Cette nécessité de la monarchie, de la vraie monarchie, pour le salut de la France, elle est reconnue aujourd'hui par tous les bons esprits ; nous disons, même par ceux qui l'avaient le plus vivement repoussée. Mais ce n'est pas assez, pour conquérir le repos et le bon ordre social, que de se laisser entraîner par des faits jugés nécessaires et de s'incliner philosophiquement devant ce qu'on appelle la *nature des choses*. Si l'on veut que le corps social soit radicalement guéri, si l'on n'est pas disposé à se contenter de palliatifs, qui ne feraient que reculer la grande crise, si on ambitionne d'assurer définitivement l'avenir social, il faut s'élever plus haut que cette *nécessité* politique, plus haut que cette *nature des choses* envisagée au point de vue exclusivement humain.

« Ce que nous ne devons jamais perdre de vue, a dit un grand orateur, (1) c'est qu'il y a une loi éternelle de justice; et quiconque la viole, grand ou petit, n'établira rien ici bas, car Dieu lui-même a posé ses œuvres sur cette loi. Il ne s'est pas cru assez fort pour asseoir les nations sur des choses qui ne fussent pas éternellement vraies et justes. Par conséquent, quoique vous fassiez pour votre fortune privée ou pour votre fortune publique, soyez sûrs d'une chose, c'est que vous ne bâtirez pas sur l'injustice. »

C'est donc par l'aveu de la loi éternelle de justice, par un retour sincère complet, courageux aux vrais principes sociaux, que nous nous affranchirons de toutes nos peurs

---

(1) Le R. P. Lacordaire, conférence du 16 mars 1851.

et que nous sauverons ce pays. Toute société, dit Cicéron, est basée sur le consentement au droit et l'utilité commune. Tant que nous n'aurons pas consenti les principes sociaux, tant que nous préférerons à l'utilité commune nos intérêts de classe ou de parti, nos préjugés, nos rancunes, notre ambition, notre amour-propre, il n'y aura, dans le présent, qu'incertitude et malaise; dans l'avenir, que ruines et terreur.

« Un homme qui n'a pas de principes, écrivait Châteaubriand, obéit à toutes les impressions, subit l'autorité de tous les faits, manque de jugement, et ne possède pas davantage ce qu'on appelle l'esprit de conduite. Il est bon de se méfier des gens de cette sorte, ce sont eux qui trahissent involontairement toutes les causes. » Voilà le secret de notre effroi. Nous savons très bien que la société actuelle s'est placée en dehors de tous les principes; nous savons très bien que chaque unité sociale a renié toute conviction, et s'est fait une triste loi de n'en respecter aucune : et nous sentons que rien de permanent n'est possible dans ces conditions, parce que dans chacun de nos alliés actuels, nous voyons éventuellement un ennemi, un vainqueur ou un traître.

Depuis que nous avons déserté les principes, nous avons tout essayé : rien ne nous a réussi. La démocratie nous a donné tour à tour la terreur, et les hontes du directoire : c'en est donc fait du gouvernement démocratique; la France ne veut plus que son front rougisse de honte ni que ses pieds soient teints de sang. Nous avons essayé des expédients plus ou moins monarchiques : où ont-ils abouti? A la République ou au despotisme. C'est leur pente qui les entraîne ici ou là; les expédients ne sont jamais que des transitions au pire. « L'usurpation du gouvernement, dit Harington, est une espèce d'indigestion des pouvoirs, qui

convertit les meilleurs principes dans les plus pernicieux. ▪
Nemo un quam imperium flagitio acquisitum bonis ar-
tibus exercuit.

Que nous reste-t-il donc, et où sera notre réfuge? — Il
nous reste les principes sociaux et la monarchie traditionnelle. Là est le port.

Ce port, tous les bons esprits, même ceux qui s'en
étaient le plus éloigné, l'ont entrevu à la lueur de la fou-
dre : et depuis février 1848 ils n'ont cessé de nous le montrer, avec toute l'autorité que donne à leur parole une
longue expérience acquise dans le maniement des affaires.
Parmi les écrits qui ont été publiés dans ces derniers
temps, sur cette grave question, il en est beaucoup qui
n'ont pas été édités en volumes, et qui, insérés seulement
dans les journaux, ont pu être bientôt perdus de vue. Nous
avons cru faire une chose utile en réunissant ces témoignages épars, et en les offrant au public au moment où,
toutes les questions fondamentales étant débattues, beaucoup d'hommes de bonne foi hésitent et cherchent consciencieusement une base solide pour asseoir leurs convictions ou des exemples pour autoriser leur conduite. Nous,
n'avons pas cherché à coordonner ces documents, nous
n'avons suivi aucun ordre systématique ; nous les avons
inséré à la suite les uns des autres à mesure qu'ils ont
paru ou quand nous les avons retrouvés. Une table placée
à la fin du volume facilite les recherches et permet les rap-
prochements. — Avons-nous besoin d'ajouter qu'en nous
décidant à faire cette publication nous n'avons pas eu
d'autre prétention que de populariser des documents ou
des écrits qui, perdus pour la plupart dans les journaux
dont on ne fait pas collection, auraient été fort difficiles à
retrouver et n'auraient pas produit tout le fruit qu'on est
en droit d'en attendre? C'est une œuvre de propagande, et

rien de plus. Nous nous proposons de la continuer si le public l'apprécie et la juge utile.

Puissent ces exemples d'un généreux oubli du passé donnés par des hommes d'élite ; puissent ces discours, ces écrits , inspirés par un désir vrai de réconciliation et de paix, par un patriotisme éclairé et sincère, par un véritable respect pour les libertés publiques , par un dévouement profond au pays ; puissent ces vérités sociales, consenties et proclamées par des hommes d'une haute intelligence et d'un grand cœur, porter enfin leurs fruits. Les révolutions, hélas ! ne nous ont plus guère laissé que des ruines à défendre: mais on peut encore restaurer la société avec ces décombres. Hâtons-nous de nous unir au nom du droit, dans un intérêt commun, tandis qu'il en est temps encore. Faute de cette union , toujours si désirable et si impérieusement nécessaire aujourd'hui , nous aurions bientôt perdu ces ruines elles-mêmes , et le temps n'est pas loin où l'on pourrait dire : *etiam periere ruinæ*.

28 juillet 1851.

EMM. DE CURZON.

DOCUMENTS CONTEMPORAINS.

―――――――

LETTRES DE MM. PAGEOT ET ANOT DE MAIZIÈRES.

« On aura beau faire, disait Bailly, la raison finira toujours par être la maîtresse. » Ceci est vrai d'une manière générale ; mais c'est vrai surtout pour la France. Si nous n'avons cessé de faire appel à la raison publique, c'est que nous n'avons jamais douté qu'elle ne finît par être la *maîtresse* et qu'elle ne fît justice des passions révolutionnaires qui nous entraînent vers l'abîme, aussi bien que des résistances intéressées et odieusement égoïstes qui font obstacle au salut de ce pays.

C'est avec bonheur que nous enregistrons ici deux lettres émanées de deux honorables membres de l'ancien parti conservateur. Elles justifient nos appréciations sur ce parti considérable. Elles sont la preuve des progrès qu'ont fait dans les cœurs désintéressés, dans les âmes honnêtes, dans les intelligences éclairées, les idées vraiment patriotiques, les opinions sérieusement gouvernementales, le désir de la réconciliation des partis, la conscience des conditions nécessaires à la grandeur, à la prospérité, à l'existence même de la France.

Nous nous étions promis de chercher l'avenir du parti conservateur dans son propre passé. Le voilà qui se lève

1

lui-même pour se mettre en marche. Où va-t-il ? Ces deux lettres le disent avec beaucoup de netteté, de noblesse, de courage. Les transcrire, ce ne sera donc pas interrompre notre tâche.

Ces documents ne sont point les seuls que nous pourrions citer ; ce ne sont pas des faits isolés. Ce sont des témoignages éclatants, qui viennent se joindre à bien d'autres, pour justifier notre passé et pour fortifier encore, s'il est possible, notre foi dans l'avenir que nous avons prévu.

La première lettre est de M. Pageot, un des diplomates les plus distingués du règne de Louis-Philippe. Elle est adressée au *Journal des Débats*, et proteste contre l'opposition faite par cette feuille à la fusion des deux branches de la maison de Bourbon. — La seconde est de M. Anot de Maizières, l'un des rédacteurs de l'*Ordre*.

On va voir que ces deux hommes politiques, partis de deux points différents, bien que conservateurs tous les deux, vont maintenant au même but que nous.

L'Abeille de la Vienne du 19 mars 1851.

I.

A M. le rédacteur en chef du JOURNAL DES DÉBATS.

Paris, 11 mars 1851.

Monsieur,

Persuadé que tout abonné d'un journal est solidaire, dans une certaine mesure, de la politique que ce journal professe, je vous prie de ne plus me compter, à dater de ce jour, au nombre de vos abonnés.

Vous devinerez facilement que l'article du *Journal des Débats* de ce matin sur la fusion est la cause de cette détermination. Je ne puis consentir à m'associer à une politique qui aurait pour résultat d'éterniser les divisions au sein des partis monarchiques, et de tromper la France, en lui laissant croire qu'elle pourra librement choisir, à un jour donné, entre les deux monarchies que vous cherchez à définir par des formules aussi vagues qu'elles sont fausses et arbitraires. Le respect profond que je porte à la famille royale de Claremont me persuade qu'elle répudiera la position que vous voulez lui faire, et qui consiste simplement à lui conserver toutes les chances dans la loterie des révolutions ; en d'autres termes, que les princes deviennent, suivant les circonstances, les humbles citoyens de la République qui a expulsé leur père, les chefs aventureux d'une dynastie nouvelle, ou les successeurs éventuels de la monarchie des Bourbons.

Les princes de la famille d'Orléans ne renieraient pas plus, monsieur, son passé, en s'associant, dans l'exil, à l'aîné de leur race, qu'ils ne le feraient, si la France lui rouvrait ses portes, en marchant à la suite de la fortune comme ses héritiers nécessaires et légitimes. La révolution de 1848 a fait disparaître un grand fait, que le roi Louis-Philippe invoquait si justement pour repousser la qualité d'usurpateur que ses adversaires voulaient attacher à son nom, celui de l'impérieuse nécessité qui ne laissait pas de choix, en 1830, entre l'établissement d'une monarchie nouvelle et le rétablissement de la sanglante république de 93. Elle a rendu les fils du roi et les serviteurs de sa monarchie à l'indépendance de leurs jugements, et c'est en toute liberté qu'ils sont appelés aujourd'hui à conseiller à la France de rester dans les voies de la révolution ou de revenir au seul principe à l'aide duquel elle pourrait en sortir. Dans le temps où nous sommes, le plus obscur d'entre nous est obligé, à ses risques et périls, de choisir sa cause ; et les princes dont la France attend l'exemple du dévoûment, du courage et de l'abnégation, ne sauraient conserver une attitude qui exclut tous les sacrifices en leur laissant tous les bénéfices de nos luttes.

Recevez, monsieur, l'assurance de ma parfaite considération.

A. PAGEOT,
Ancien ministre plénipotentiaire de France,
démissionnaire de 1848.

II.

A M. CHAMBOLLE,

Représentant du peuple et rédacteur en chef du journal l'Ordre.

Après avoir pris part, sous votre courtoise et amicale direction, à la rédaction du *Siècle*, et depuis à celle de l'*Ordre*, je me vois, avec un vif regret, obligé de renoncer à une communauté de travaux où, pour le moment, nous avons cessé d'être pleinement d'accord.

Mais, en me séparant de vous, je sens que c'est un devoir de vous donner les raisons de ma retraite, et ces raisons, les voici :

Vous semblez croire possible et désirable une restauration de la monarchie de juillet, et il m'est démontré, à moi, qu'un tel but ne doit pas être poursuivi et qu'il ne peut être atteint.

Si le rétablissement de la monarchie en France est une chose à tenter, il ne faut y travailler, suivant moi, que par une fusion des deux familles royales, qui amènerait celle des partis.

Le moment est venu de traiter une question aussi grave, et que de redoutables événements peuvent, d'un moment à l'autre, mettre à l'ordre du jour, car le calme actuel de la France et de l'Europe me paraît être le calme qui précède l'orage.

L'ambition montrée à Strasbourg, à Boulogne, à Satory, n'est point résignée, du moins quant au parti qui l'exploite, cinquante journaux en font foi ; l'insurrection de juin n'est point vaincue, la démonstration récente qui a eu lieu sur l'emplacement de la Bastille et les applaudissements donnés par la Montagne à M. Marc Dufraisse en sont la preuve.

Les arrangements qui se font à Dresde, les mouvements de troupes qui ont lieu vers nos frontières, annoncent que l'Europe monarchique songe *au moins à nous surveiller*.

Enfin, la fatale et inévitable crise de 1852 approche, approche sans cesse, et nous ne pouvons nous dissimuler qu'elle ne soit attendue avec une sinistre impatience par tous nos ennemis du dehors et de l'intérieur.

Pour tous les citoyens honnêtes, n'est-ce pas le moment de se prononcer sur ce qu'ils doivent faire ? Ils ont à choisir entre la République et la Monarchie.

La République, en 1848, a été une nécessité, et nous avons attendu d'elle le salut de la France, quand vous et moi, dans le *Siècle*, nous avons soutenu la candidature du général Cavaignac, et proposé l'établissement d'un sénat qui, comme à Rome et aux États-Unis, éclairât et contint l'effervescence des tribuns élus par les masses et souvent aveugles comme elles.

On a repoussé nos idées et notre candidat.

Dans le choix du Président de la République, on a oublié les plus beaux services pour récompenser les plus coupables témérités. Des gens qui déclaraient ne vouloir plus de rois, ont mis à la tête de leur République, qui ? Un prince, et un prince qui, deux fois, avait tenté, à main armée, d'arriver au trône.

D'autre part, dans la rédaction de la Constitution, on a amoindri le pouvoir en haine de ceux qui en avaient abusé ; la présidence a expié les erreurs du gouvernement *personnel*. Parce qu'il y avait eu sous l'*Empire* un *sénat* servile, sous la Restauration une *pairie* aveugle, sous la royauté de Juillet un *pays légal* corrompu, on n'a plus voulu d'aristocratie d'aucun genre ; on a ainsi ôté au gouvernement l'appui que lui donnent les hommes de grand talent, de haute expérience et de mérite rare, que révèlent soit des services rendus, soit la voix publique ; on n'a voulu ni reconnaître ni employer les supériorités morales et intellectuelles ; la force numérique a été proclamée la vraie force, et cette force a été abandonnée à elle-même, ou plutôt elle a été livrée aux passions démagogiques, et, comme le disait un ministre anglais : *La*

*France a placé le vaisseau qui porte sa fortune sous la protection
des tempêtes.* C'est bien en vain que dans cette triste Constitution
on a cherché à donner au pays les moyens de faire connaître sa
volonté ; on ne les a pas trouvés. Dans des temps de troubles,
chaque parti se proclame l'interprète du peuple, et, à un jour
donné, tout le monde est la nation, *excepté la nation elle-même.*

Nous demandions que nos législateurs prissent conseil de l'histoire de deux grandes républiques, Rome et les Etats-Unis ; on
n'a écouté que les passions contemporaines.

Voilà comment nos espérances de démocratie intelligente et de
gouvernement national ont été déçues par une Assemblée qui
s'est mise à la suite de ces masses qu'elle devait éclairer et conduire.

Voilà dans quelles déplorables conditions a été placée notre République, accusée d'ailleurs par tant d'affreux souvenirs, imposée
à la France par une émeute parisienne, et que songeaient déjà à
renverser ceux qui la proclamaient avec le plus d'empressement.

Est-il étonnant qu'on la juge impuissante à nous sauver des périls où nous sommes, et qu'elle contribue à augmenter ?

Ne nous faisons point illusion sur notre position.

A l'intérieur, les deux grands pouvoirs de l'Etat sont en guerre :
notre armée est placée entre deux influences, dont l'une lui crie :
Vive l'Empereur ! et l'autre : Respect à l'Assemblée ! et en même
temps qu'on pousse nos soldats à la révolte, on pousse nos ouvriers aux émeutes socialistes. Nous devons, en outre, 7 milliards ;
notre dette flottante est de 600 millions, les déficits du budget
s'accroissent chaque année ; à la première commotion, une ban-
queroute *est inévitable.*

Au dehors, nos anciennes alliances avec Naples, la Belgique,
l'Espagne, la Turquie et les petits Etats de l'Allemagne, sont rom-
pues par la chute politique de cette maison de Bourbon qui les
avait formées ; et les deux puissances qui détestent le plus notre
révolution, la Prusse et l'Autriche, viennent de reprendre en
Italie, en Hongrie, en Allemagne, une position deux fois plus
forte que celle qu'elles avaient jadis ; et, à supposer qu'elles ne
nous fassent pas la guerre, il est certain, du moins, qu'elles vont
former autour de nous un blocus qui ruinera notre influence diplomatique et notre commerce extérieur, en nous tenant dans une
continuelle inquiétude.

Humiliation, anarchie, dettes, périls, voilà notre état présent.
Ainsi, en présence des ennemis de l'intérieur et du dehors, nous
ne pouvons désarmer, et, si nous maintenons nos armements,
nous nous ruinons. Il faut donc aviser à nous tirer de là. Une
chose me paraît visible, c'est que nul parti n'est, *à lui seul*, en
mesure de nous sauver ; c'est qu'une fusion entre tous les amis de
l'ordre est souhaitable avant les mauvais jours qui sont si près de
nous. L'Elysée ne peut rien sans l'armée, qui a refusé de le suivre ; le parti d'Orléans ne peut rien sans l'Assemblée, où il vient

de reconnaître qu'il est en faible minorité ; le parti légitimiste est impopulaire, parce qu'on le suppose hostile aux principes de 89, que la nation ne veut et ne peut abandonner ; enfin, le parti de Cavaignac, parti honnête qui sauverait la République si la République pouvait être sauvée, a contre lui tous les royalistes et presque tous les républicains.

Qui ramènera vers un point commun toutes ces forces divergentes? Qui donnera l'exemple et le signal des concessions ? Le comte de Chambord nous paraît avoir compris, comme son aïeul Henri IV, que c'était à lui à entrer le premier dans la voie de la réconciliation ; car, en se plaçant, comme il l'a fait, sur le terrain du droit national, véritable base du droit monarchique, il a choisi un lieu de rendez-vous que les orléanistes et ceux des républicains *qui ne veulent que la liberté* peuvent accepter avec honneur; il a montré que s'il savait *aimer* son pays, il savait aussi le *respecter*, qu'il ne voulait régner qu'avec les idées et les hommes de son époque. Aux membres de sa famille, il a dit : Affection fraternelle ; aux républicains, il a dit : Libertés publiques ; à la France entière, il a dit : Dignité au dehors et repos au dedans.

Soyons francs :

Avec lui, que perdons-nous? Nous perdons les vaines espérances d'une République dont nous n'avons pas la réalité; et en échange de ces mensonges, que recouvrons-nous? Nous recouvrons les seuls biens qui soient vraiment précieux, la liberté modérée, qui préserve de l'anarchie ; le repos, qui seul rend possibles les travaux de l'industrie et du commerce ; le crédit, qui est l'âme des affaires, et enfin la confiance de l'Europe, ce qui nous permet de réduire notre armée et les dépenses qu'elle nous impose.

Lui régnant, notre famille royale, réconciliée, accrue et raffermie, reprend son rang en Europe, où elle nous rend nos alliances ; et, s'il désavoue son entourage, le président actuel de la République, se rattachant à elle par une parenté de gloire, obtient en France une position analogue à celle du prince Eugène en Russie. Nous doutons que le parti élyséen puisse lui garantir une aussi belle destinée.

Le comte de Chambord régnant, les grandes positions sociales conquises par d'éminents services rendus à l'Etat, par de grands travaux scientifiques ou littéraires, par de grandes améliorations industrielles, se groupent autour de son trone, auquel elles donnent un appui utile, en même temps qu'elles deviennent, par l'émulation qu'elles inspirent, un principe d'activité dans le sein de la nation entière.

Sous le règne du comte de Chambord, l'Etat et les particuliers, redevenus plus confiants dans l'avenir, et par conséquent plus libres dans leurs dépenses, se remettent à encourager les arts qui appellent de riches étrangers en France, et qui, par là, accroissent notre fortune, notre influence et la gloire de nos artistes aujourd'hui si délaissés.

Par la même raison, la littérature, dont les progrès sont ceux de la civilisation même, reprend ses travaux interrompus. Enfin l'Europe monarchique, que nous cessons d'inquiéter, renonce à prendre contre nous des précautions qui nous forcent d'en prendre contre elle et qui nous ruinent.

Alors, mais seulement alors, la paix qui devient assurée porte ses fruits; alors, et seulement alors, les grands principes de 89 deviennent applicables, car il n'y a qu'un pouvoir fort qui puisse supporter le régime de la liberté. Les chênes qui résistent le mieux aux orages sont ceux qui plongent à une plus grande profondeur leurs racines séculaires.

A qui donc nuirait le changement que nos vœux appellent? A un seul parti, au parti des démagogues, lequel, en soixante-dix ans, nous a coûté sept milliards, absorbés par les frais des révolutions qu'il nous a suscitées; au parti qui, après avoir versé des flots de sang, ne nous a laissé ni une conquête, ni une institution, ni une alliance; qui nous paie de nos malheurs, et qui n'a fait que dénaturer, en y touchant, la grande œuvre de la première Assemblée constituante.

Que la monarchie elle-même ait parfois failli, ce n'est pas nous qui le nierons, nous, hommes de l'opposition, et qui l'avons tant de fois avertie; mais, comme institution, est-elle responsable des erreurs des monarques et de leurs ministres? En somme, n'a-t-elle pas été parmi nous modérée et nationale? Sans remonter bien haut, ne lui devons-nous pas, sous Louis XVI, l'émancipation de ces Etats-Unis qui, pour jamais, a enlevé à l'Angleterre la domination des mers? Ne lui devons-nous pas, sous Louis XVIII, l'établissement du gouvernement représentatif? Ne lui devons-nous pas, sous Charles X, la magnifique conquête de l'Algérie? Ne lui devons-nous pas les dix-huit années de prospérité matérielle que nous a données le règne de Louis-Philippe? Est-il sensé, d'ailleurs, est-il juste d'imposer la peine des erreurs commises autrefois au petit-fils de Charles X et au petit-fils de Louis-Philippe? L'un et l'autre ne peuvent-ils pas dire, comme l'agneau de la fable:

> Comment l'aurais-je fait, si je n'étais pas né?

Le malheur des temps les a mis tous deux dans des conditions de sagesse politique admirables. Exilés, ils ont été moins flattés; instruits à l'école de l'infortune, ils ont eu aussi la meilleure des éducations; témoins de nos troubles sans y avoir pris part, ils les jugeront avec plus d'impartialité.

Pour ne pas être trompé, comme l'a été son aïeul, le comte de Chambord a été admirablement servi par les événements; il n'a *point d'amis*; ni le clergé ni la noblesse n'ont émigré avec lui, comme avec Charles X; s'il rentre en France, il ne devra donc son retour ni à une Vendée, ni à une armée de Condé, ni à une coalition de rois étrangers ; il n'en sera redevable qu'à la France, qui, par conséquent, aura seule droit à sa reconnaissance.

Il n'y a pas non plus d'injures à ressentir ou de vengeances à redouter ; personne l'a offensé, il n'a offensé personne.

Il aurait plus que tout autre une autorité forte et solide, car il serait pour les uns l'héritier légitime de la couronne, et il serait pour les autres un principe d'ordre utile à la liberté même et adopté par la nation.

Sa politique ne pourrait être exclusive ; car en demandant, comme il l'a fait, le concours de tous les membres de sa famille, il promet sa bienveillance aux serviteurs et aux amis d'une maison redevenue la sienne.

Supposer qu'il prendra pour guide la portion fanatique du parti légitimiste, c'est supposer qu'il n'écoutera que ces aveugles et ces insensés qui ont causé tous les malheurs de sa famille et les siens ; c'est oublier que son manifeste annonce des vues toutes opposées ; c'est oublier qu'il ne prend conseil que des hommes les plus éclairés et les plus parlementaires.

Nous ne l'ignorons pas pourtant ; par de bons esprits et de nobles cœurs d'autres solutions ont été proposées.

Examinons-les successivement, à commencer par celle qui a pour but le rétablissement de la royauté de Juillet.

Qui ne voit que, née d'une insurrection, cette royauté a été tuée par une autre insurrection, et que, même à la supposer sortie d'un vote parlementaire, il ne serait pas possible de soutenir que ce vote nous lie aujourd'hui et qu'il exclut toute prétention fondée sur le passé ou sur un vote ultérieur ? Non, une idée pareille ne peut venir à personne ; autant vaudrait nous dire liés par le sénatus-consulte de 1804, qui a créé l'Empire.

Invoquer le droit héréditaire du comte de Paris, tout en niant celui du comte de Chambord comme vaincu par le temps, c'est autoriser l'Elysée, qui est plus jeune encore, à nier l'un et l'autre.

Retrancher le comte de Chambord de la famille de Bourbon, dont il est le chef, c'est décapiter le principe même qu'on invoque, c'est dire que les d'Orléans ne sont rien de plus que les autres Français.

Et puis, serait-il bien aux princes d'Orléans de nier aujourd'hui le droit du comte de Chambord, dont certainement ils se prévaudraient demain si ce prince venait à mourir ? Peuvent-ils se poser tout à la fois comme héritiers de la royauté de 1830 et de la royauté de Louis XIV ? Eh quoi ! en se tournant vers le chef de leur maison, ils lui diraient : « Nous sommes les élus de 1830. » Puis, se tournant vers l'élu du 10 décembre, ils lui diraient : « Nous sommes les héritiers de la royauté légitime ! » Peuvent-ils se réserver ainsi le bénéfice d'une double éventualité par un double mensonge ? Serait-ce là de la franchise ? Serait-ce là de la dignité ?

Les d'Orléans prouveraient, en acceptant ce rôle de Janus, qu'ils ne sont préoccupés que de leur intérêt personnel, et qu'ils sont indifférents à celui de la France.

Or, ils doivent le comprendre, il ne s'agit pas d'eux seulement et de leur cousin, il s'agit de la France. La question qui nous occupe est, avant tout, une question nationale.

Une seconde solution, c'est la candidature du prince de Joinville à la présidence de la République.

Mais faire à ce prince une offre semblable, n'est-ce pas lui demander, s'il l'accepte sincèrement, de trahir les intérêts monarchiques de sa famille? Ou s'il médite une restauration monarchique, n'est-ce pas lui demander de trahir les républicains qui se confieront à sa loyauté? N'est-ce pas lui proposer, en un mot, de cesser d'être prince ou de cesser d'être homme?

Il y a une troisième combinaison, c'est la prolongation des pouvoirs du Président actuel.

Mais qui ne voit que prolonger l'état où nous sommes, c'est nous condamner à vivre au milieu des crises et des craintes de coups d'Etat? C'est nous condamner à l'inaction et à la misère, qui en est la suite ; c'est nous condamner à déchoir de notre rang en Europe, et à souffrir ce qui, dès aujourd'hui, est devenu intolérable?

Quand à redemander l'Empire, comment y penser? Qu'était-ce donc que le régime impérial, avec son sénat impotent, son corps législatif muet, ses commissions militaires remplaçant les tribunaux, ses confiscations, sa censure, ses conscriptions homicides, son blocus continental, ses attentats de Vincennes, de Fontainebleau et de Bayonne, sinon un détestable gouvernement, que pouvait absoudre à peine le génie d'un grand homme qui n'est plus ? '

Poser enfin la candidature de Cavaignac, c'est admettre qu'après avoir échoué avec tous les moyens de succès, il peut réussir, en dépit de tous les obstacles, à fonder parmi nous une République.

Il est donc sage de préférer à toutes ces combinaisons, qui sont toutes exclusives, celle qui prend quelque chose à chacune d'elles, qui donne au comte de Chambord la couronne, aux d'Orléans l'éventualité de son héritage, aux républicains le gouvernement parlementaire, au parti impérialiste une indemnité pour la perte de ses dotations, et à la nation le repos à l'intérieur avec des alliances au dehors.

Une telle idée est *simple*, elle peut donc être offerte aux masses, qui ne se passionnent jamais que pour ce qu'elles comprennent parfaitement.

Elle est *morale*, car si elle demande à tous des sacrifices, à tous aussi elle accorde le prix de ces sacrifices.

Elle est *nationale*, car elle prend l'intérêt général pour règle, sans permettre à un parti l'orgueil de la victoire, et sans condamner les autres à l'humiliation d'une défaite.

Elle est *praticable*, car une fois qu'elle aura fait son chemin par la presse, par les pétitions, par les vœux des municipalités, et par les discussions qui, dans deux mois, vont s'ouvrir à l'Assemblée, sa force sera *irrésistible*; et quant tout le monde veut une chose, cette chose se fait, et même elle se fait sans violence.

A la première élection présidentielle, il suffira d'avoir un nom qui, sans blesser la loi, manifeste la volonté de la France.

Jusque-là, l'unique souci pour nous, ce doit être de prouver que nous avons raison, et les événements ont déjà commencé la démonstration.

Il nous reste à présenter une dernière considération.

Les hommes d'État estiment peu la politique de sentiment : ils nient la puissance morale, parce que, dans les hautes régions où ils vivent, ils voient que tout se meut par d'autres ressorts ; mais, en réalité, la vraie puissance est celle du cœur, et il est sage de parler à celui du peuple. Depuis qu'il est tout, le levier des gouvernements doit changer son point d'appui. Eh bien! ce serait un touchant et noble spectacle à promettre au peuple que celui de la réconciliation de nos familles royales, victimes comme lui de nos révolutions, jetées par une double tempête sur le rivage étranger, et qui ne reviendront de l'exil, où elles ont laissé des tombeaux, qu'en ramenant parmi nous des orphelins.

Oui, le peuple verrait avec joie qu'une consolation dernière fût laissée à cette fille de Louis XVI, qui lui est présentée comme un enseignement du peu que valent ces grandeurs qu'on lui a fait envier ; à cette femme dont le passage sur la terre, du berceau à la tombe, n'aura été qu'une longue série d'épreuves, qui, survivant à son père, à sa mère, à sa tante décapités, à son frère empoisonné, à son cousin poignardé, à son époux mort dans l'exil, semble avoir eu à porter le plus lourd fardeau de douleur qui se soit jamais appesanti sur une tête humaine ; oui, à cette femme qui a souffert toutes ces souffrances avec la dignité d'une grande reine et la résignation d'une chrétienne, il voudrait qu'on accordât le bonheur de revoir encore la France avant de mourir, et de venir pleurer chez les siens, s'il lui reste des larmes.

Partie d'une rive opposée, tenant aussi à la main un autre orphelin, la veuve de Louis-Philippe serait également un objet de respect pour le peuple, qui ne connaît d'elle que ses vertus et ses bienfaits, et qui espérerait la retrouver dans ses enfants.

Oui, nous nous trompons beaucoup, ou la réconciliation des deux familles royales amènerait celle des partis honnêtes qui ont combattu pour elles.

Oui, nous nous trompons beaucoup encore, ou le rétablissement du bon accord entre tous les amis de l'ordre ôterait aux démagogues et aux étrangers la pensée de troubler la France, qui aurait recouvré la libre disposition de ses armées et de sa fortune. Oui, le peuple serait heureux d'un acte de justice qui serait son ouvrage et qui le consolerait de sa souveraineté.

ANOT DE MAIZIÈRES.

LETTRE PASTORALE DE MONSEIGNEUR L'ÉVÊQUE DE CHARTRES
AU CLERGÉ DE SON DIOCÈSE , OU SONT PRÉSENTÉES DES
OBSERVATIONS SUR. LE DERNIER MANDEMENT DE MONSEI-
GNEUR L'ARCHEVÊQUE DE PARIS.

Nos lecteurs n'ont pas encore oublié, sans doute, le
mandement donné le 15 janvier dernier par Mgr l'Archevêque de Paris. La presse anarchique en battit des mains :
des journaux défenseurs de l'ordre cherchèrent à tirer parti
de quelques passages pour détourner le coup qui venait
frapper cette grande cause ; le plus grand nombre garda
un silence significatif ; quelques feuilles légères , mais cou-
rageuses , attaquèrent de front la doctrine de Mgr Sibour.
La presse catholique s'imposa une douloureuse abstention.
Pour notre part , nous avions été bien péniblement af-
fecté de la publication de ce mandement. Nous le rappro-
chions de cette autre lettre pastorale qui était venue frapper
la presse catholique à la tête et au cœur ; et , en entendant
les ricanements sataniques de la presse voltairienne et révolutionnaire , nous nous demandions si le moment était
bien choisi pour que le catholicisme licenciât cette armée
de volontaires dévoués qui consacraient à sa défense leur
talent , leur santé, leur fortune , leurs veilles. Cette nouvelle application du *chacun pour soi, chacun chez soi* ,
nous avait effrayé, tant elle était inattendue. Quoi! la société est menacée jusque dans sa base, et voilà qu'il est défendu au prêtre de venir au secours de la société! Quoi!
la religion est attaquée sous toutes les formes et sur tous
les points à la fois, et voilà qu'il est interdit aux hommes
de bonne volonté de la défendre ! Les lévites se renferme-
ront dans le sanctuaire, les fidèles iront à leurs affaires,
les sentinelles seront congédiées ou n'auront plus d'autre
consigne que le mutisme le plus absolu !
C'était à n'y plus rien comprendre : et , si telle eût été
la doctrine de nos pontifes, il ne nous restait plus qu'à
briser notre plume et à laisser venir la ruine universelle
sans nous préoccuper d'autre chose que de notre salut personnel.—Grâce à Dieu , nous n'en avons pas été réduits là.
La vénération profonde que nous inspirera toujours le caractère dont est revêtu Mgr l'Archevêque de Paris, a dû

éloigner toute critique de nos lèvres; mais nous ne sommes
ici, ni ses justiciables ni ses juges. Nous avons donc continué notre tâche, fort de notre bonne volonté et confiant
dans la haute sagesse et les lumières de l'éminent prélat
qui a été préposé à la conduite et à la garde de notre
diocèse.

Cependant le clergé n'a pas dissimulé son inquiétude ;
l'épiscopat s'est ému ; le gouvernement pontifical a senti le
contre-coup que lui préparaient de pareilles doctrines. Les
corps francs de la révolution et de l'impiété prenaient pied
sur ce mandement pour combattre la société et la religion.
Voilà déjà que la presse voltairienne divise le clergé en deux
parts, mettant Mgr l'Archevêque de Paris à la tête de l'une
et abandonnant l'autre au Souverain-Pontife, qui, s'il fallait en croire sa machiavélique audace, aurait désormais
un rival. Cette plaie menaçait de s'étendre ; il était temps
de la cicatriser.

Déjà, dans son mandement pour le Carême, Mgr l'E-
vêque de Poitiers, avec cette prudence réfléchie, avec cette
sagesse éclairée que chacun admire en lui, a cherché à
conjurer le danger en développant les véritables doctrines
sociales du catholicisme. Toute la presse catholique remplit
à l'heure qu'il est ses colonnes des admirables pages de ce
mandement si remarquable, et témoigne assez par ses respectueux éloges, de l'opportunité, de la nécessité d'une
pareille protestation.

Aujourd'hui, le vénérable évêque de Chartres, cet im-
perturbable et saint confesseur de la foi, vient répudier
ouvertement à son tour une doctrine qui, si elle venait à
triompher, n'irait à rien de moins qu'à la ruine de la religion et de la société. Dans une *lettre pastorale* qu'il adresse
au clergé de son diocèse, Mgr l'Evêque de Chartres *présente
des observations sur le dernier mandement de Mgr l'Archevêque de Paris.* Il accomplit ce devoir pénible avec tous
les ménagements d'une charité évangélique, mais aussi
avec cette franchise et cette fermeté qui caractérisent l'a-
pôtre. Ce document, qui n'est point destiné à être lu dans
les églises, restera comme un des actes les plus importants
et les plus courageux de la vie de ce prélat que ses infati-
gables luttes au profit de la foi, que ses nombreux et si
remarquables travaux placent au nombre des plus intré-
pides athlètes de l'Eglise. Nouvel Eléazar, ne transigeant

jamais avec sa conscience, Mgr l'Evêque de Chartres se
montre dans ce nouvel écrit digne de sa vieillesse si vénérable et de ses cheveux blancs, qui attestent la noblesse
de sa vie tout entière.

Ayant été assez heureux pour nous procurer un exem-
plaire de cette lettre pastorale, nous en faisons passer sous
les yeux et dans le cœur de nos lecteurs les passages prin-
cipaux.

L'Abeille de la Vienne du 19 mars 1851.

III.

J'entreprends une tâche qui s'accorde mal avec mes affections...
Malgré ces dispositions, je me crois obligé d'indiquer quelques
taches que j'ai aperçues dans son *Mandement* du 15 janvier. J'ai
senti, en me livrant à ce travail, la douleur profonde que font
éprouver les combats qui s'élèvent entre le cœur et la conscience.
Mais le devoir a parlé, et parlé très haut. Je l'accomplirai donc
sans faiblesse et sans détour. Les temps où nous sommes sont si
extraordinaires, qu'on me pardonnera cette conduite qui l'est
aussi. . . . .
Le *Mandement* que j'ai en vue, et dont je ne parle qu'avec une
respectueuse précaution, paraît mettre au même rang les quatre ou
cinq partis qui divisent la France : il ne faut pas examiner la valeur
de leurs prétentions respectives ; on doit tenir la balance égale
entre ces classes de citoyens plus ou moins animés les unes contre
les autres. Voilà un système spécieux à quelques égards ; mais
comment ne pas voir qu'il est sujet aux plus terribles mécomptes ?
Dans un temps si fertile en révolutions, que produira ce système ?
Qu'arrivera-t-il ? Un pouvoir est établi, il règne, il commande à
un grand peuple. Un autre parti s'élève ; ses mesures sont con-
certées avec un art infini, la force est pour lui, car la mobilité
des choses humaines transporte d'une classe à une autre tout ce
qui compose cet avantage physique et irrésistible. Cette faction,
qui a grandi secrètement, dont les vues ambitieuses se sont mû-
ries dans l'ombre, cette conjuration qui peut éclater impunément et
s'emparer du pouvoir, brise tous les obstacles, attaque et renverse un gouvernement affaibli par l'usage de sa puissance et par
les embarras incroyables qui naissent de toute part sous ses pas.
Le parti jusqu'alors triomphant tombe donc en poussière, et un
autre, élevé sur les débris de toutes les oppositions abattues, jouit
des douceurs de la domination et de l'empire. Voilà qui est con-
sommé, du moins pour le moment. Mais poursuivons ; demain,

c'est-à-dire, dans un temps moral qui doit être court, d'autres novateurs, dans les mains desquels la force a passé, par la révolution des choses et par le secours que les progrès de la nature ou d'autres accidents donnent à l'ambition, s'élancent, à leur tour, dans la lice. Toute l'ardeur des passions bouillonne dans leurs veines, et leur conscience n'a point de remords qui ne soient apaisés par le système que nous avons exposé plus haut. Ils l'emportent sur leurs rivaux qu'ils veulent supplanter. Ce bouleversement ne peut arriver sans des meurtres, des déprédations et des rapines. N'importe, leurs vœux sont satisfaits, leurs passions assouvies, et ils tiennent sous leurs pieds le peuple qu'ils ont prétendu soumettre à leurs ambitieux désirs. Mais attendez une troisième attaque, elle ne se fera pas attendre; et vous serez témoins d'une nouvelle et sanglante catastrophe. Je m'arrête; une succession indéfinie de violences et de mutations pareilles sera le fruit de cette nouvelle théorie. La société sera peu à peu détruite : tôt ou tard il n'y aura plus sur la terre que des débris sanglants de l'humanité, et on ne les trouvera que dans les antres les plus reculés et dans les forêts les plus désertes.

Oui, si de semblables vues avaient été adoptées par le genre humain à partir de son origine, la société serait depuis longtemps anéantie; on ne verrait plus dans le monde de corps de nation. La Providence méconnue ne se serait plus mêlée des intérêts de l'homme, elle l'aurait laissé tomber, pour se venger de son orgueil insensé, dans l'état le plus misérable. C'est ce qu'exprime l'écriture : *Je ne vous fournirai plus*, dit le Seigneur, *la nourriture que j'avais ménagée à votre faiblesse; que celui qui doit mourir, meure; que celui qui est égorgé, soit égorgé; et que ceux qui échapperont au carnage, se déchirent et se dévorent les uns les autres* (1). Telles sont les conséquences de ce système, qui livre la société au hasard, ou plutôt aux innombrables caprices, aux fureurs variées à l'infini des passions humaines.

Il y avait autrefois un remède assuré à ce désordre radical et irrémédiable. Quel est ce remède et ce préservatif? Cherchez dans l'histoire. Ce qui est certain, c'est que pendant quinze cents ans, la France a été tranquille et florissante. Point de ces révolutions destructives et cruelles qui ravagent et désolent notre belle contrée depuis soixante années. D'autres principes étaient donc répandus et gravés dans tous les esprits. Cette leçon brille à vos yeux comme le soleil; elle suffit pour confondre vos folies anarchiques qui vous ont menés au point de ne rien faire, de ne rien espérer et de tout craindre. . . . .

.... Passons à un autre article du *Mandement*. Monseigneur s'adresse aux Prêtres, et il s'exprime ainsi : « L'Eglise respecte tous

---

(1) Non pascam vos ; quod moritur, moriatur ; et quod succiditur, succidatur ; et reliqui devorent unusquisque carnem proximi sui : ZAC. XI, 9.

» les gouvernements qu'elle trouve établis, ceux même que les
» révolutions font surgir, sans leur demander compte de leur ori-
» gine ni de leur droit, pourvu qu'ils accomplissent leur de-
» voir (1). » Examinons ce passage. Il est évident que les gouvernements qui surgissent tout à coup et par un *tour de main*, sont du
nombre de ceux qui ne s'élèvent que par la force. Or, la force
n'est pas le droit. Tous les actes produits par la force se sont donc
nécessairement mêlés à cette mutation violente et imprévue; l'en-
lèvement des biens, les meurtres et tous les autres faits de ce
genre en ont été, en grande partie, les secours et les instruments.
L'envoyé de Dieu, ou n'est rien, ou doit à son ministère répara-
teur d'exiger l'aveu de ces actions désordonnées. Les crimes politiques ont une bien plus grande étendue que les transgressions
privées, et font des plaies bien plus profondes à la société humaine. Le fameux Grenade, l'un des plus saints et des plus grands
hommes de l'Espagne, parlait ainsi à Charles-Quint dont il était le
confesseur : *Vous avez accusé les péchés de Charles, accusez à
présent les péchés de l'empereur.* Le dépositaire de ces aveux ne
prétendait pas se mêler des affaires du gouvernement, auxquelles
il restait étranger, mais s'informer des injustices, des usurpations
manifestes, des agressions sanglantes et inutiles que Dieu, dont il
était le représentant, condamne et réprouve. . . . .
Le *Mandement* dont je me permets de relever les imperfections
et les taches renferme une autre maxime dont l'exécution priverait
la France d'un appui important et d'une ressource très désirable.
Les dignités et les affaires du siècle, y est-il dit, sont, au jugement
de l'Eglise, INCOMPATIBLES avec les priviléges et les gloires du sa-
cerdoce (2). La savant Prélat a en vue le décret du Concile de
Trente, qui prescrit la résidence, et par conséquent la renoncia-
tion au maniement de toutes les affaires qui rendent inévitable un
changement de domicile. Mais ce Concile, qui a été l'assemblée la
plus savante qu'on ait vue réunie dans l'Eglise, met une restric-
tion à cette loi. Il déclare que les Evêques ou les Prêtres peuvent
déroger à la résidence, c'est-à-dire se transporter et résider dans
d'autres lieux où leur ministère n'est pas l'objet principal qui les
occupe. L'Eglise, pourvue d'assez d'hommes apostoliques pour
faire fleurir la Religion, peut détacher quelques-uns de ses ministres pour servir l'État et s'occuper des affaires publiques (3). Ces
deux grands corps doivent se prêter un mutuel secours, et l'Eglise
peut fournir quelques-uns de ses membres pour les placer au-
dessus du peuple et les consacrer à des services extérieurs étroitement liés avec la grandeur et la félicité de la nation. Qu'on me ré-

(1) Mand., p. 11.
(2) Mand., p. 25.
(3) Nisi cum absentia inciderit propter aliquod munus et reipublicæ
officium episcopatibus adjunctum. CONC. TRID. *Sess.*, XXIII. *de reform.
cap.* 1.

ponde. La gloire de la France naissante et sortie de la barbarie n'a-t-elle pas été l'ouvrage des Evêques? Qui pourrait le nier? Des auteurs incrédules, mais instruits et impartiaux, l'ont déclaré solennellement. N'est-ce point les Prélats qui ont poli les mœurs des Français, qui les ont éclairés, qui les ont préparés à toutes les grandes choses qui en ont fait un peuple qui brillerait un jour avec éclat par la profession des armes, par la politesse des lettres, par la sagesse des conseils? . . . .

. . . . . . La France aurait perdu une partie de sa grandeur et de ses conquêtes, si des hommes d'Eglise qu'elle avait appelés à son secours n'avaient pas été légitimement affranchis d'une sujétion incompatible avec le maniement des affaires publiques.

L'illustre Pontife s'oppose à ce que les choses de la Religion soient traitées et discutées dans les journaux. Cette prohibition me paraît un peu sévère; car enfin, comment pourra-t-on défendre ce christianisme si visiblement marqué du sceau de la divinité, à l'ombre duquel nos pères ont vécu grands, heureux et tranquilles? Cette entreprise deviendra impossible. Il est évident que le clergé a besoin d'auxiliaires. Je ne veux point rappeler le souvenir d'anciennes plaies. Mais enfin il est notoire que toute la jeunesse française de toutes les classes a été forcée, pendant de longues années, de s'abreuver de doctrines anti-religieuses, et par conséquent anti-sociales. Des lectures secrètes ne pouvaient redresser ces intelligences égarées. Nos mœurs ne le permettaient point. Il aurait fallu étudier les preuves invincibles de la foi, consignées dans des livres composés, du moins en partie, par des génies du premier ordre, pénétrés des grandes vérités dont ils répandaient au loin la lumière et portaient de toute part la conviction. Un Evêque très judicieux et très spirituel, que la mort a récemment enlevé, a écrit ces mots avec raison : *Aujourd'hui, on lit tout, excepté les livres.* Il fallait donc des instructions courtes et redoublées, auxquelles un clergé peu nombreux ne pouvait suffire; il fallait des feuilles légères appliquées à combattre, tous les jours, les sophismes innombrables de l'impiété qui, tous les jours aussi, inondent notre malheureuse France. De généreux laïques ont paru qui se sont chargés de cette tâche. Leur foi est vive, leur ardeur infatigable, leur dévouement sans mesure et leurs talents quelquefois supérieurs à ceux des défenseurs de l'incrédulité. Je connais un journaliste, chrétien, courageux et zélé, qui surpasse par la vigueur des pensées, par la singularité ingénieuse du style, par la force irrésistible du raisonnement, enfin par une éloquence très rare, tout ce que la presse irréligieuse compte d'écrivains doués d'une habileté funeste pour tromper le peuple. Ces soutiens de la Religion outragée ont fait un bien immense. La France entière lit tous les jours ces feuilles. La foi y est vengée avec une supériorité décisive; elle respire encore par leur secours, et l'Eglise ne peut que les encourager et les bénir. Ces volontaires dans le camp d'Israël, dont quelques-uns ne lui ont rendu que tard ces inestimables services, mêlent quelquefois des erreurs légères et sans venin à leurs apologies victorieuses du christianisme. Mais, dans ces cas très rares, leurs intentions sont nobles et pures, et la couronne qu'ils reçoivent de la main d'une Religion immortelle, n'en est point déparée (1).

Ces publicistes chrétiens maintiennent les maximes qui font vivre la société. D'après cela, il est naturel de conclure qu'il convient bien mieux d'encourager ces écrivains que de leur fermer la bouche. Cette remarque s'applique à un autre moyen de faire du bien aux hommes. Il est impossible que le Clergé, qui compte aujourd'hui quarante mille membres, ne renferme pas quelques Prêtres nés avec un esprit ferme et pénétrant, éminemment propre aux grandes affaires. C'est la remarque du Cardinal de Richelieu, dans son *Testament politique*, et le prince de Talleyrand a prononcé, peu de temps avant sa mort, dans l'Académie des sciences morales, un discours où il prouvait que les études ecclésiastiques conduisent ceux qui s'y livrent aux saines notions de la politique et à l'intelligence des maximes d'Etat. C'est ce qu'on a compris partout, et particulièrement en France. Aussi y a-t-on toujours vu des Prêtres dans les grands corps de la nation, et l'on se félicitait de l'heureux concours de leurs lumières et de la sagesse de leurs conseils. Comment se fait-il donc que Mgr de Paris ait interdit aux ecclésiastiques de son diocèse, ayant charge d'âmes, de solliciter ou d'accepter une candidature que les électeurs voudraient leur conférer? D'abord, quelle autorité, quel Concile, quel Evêque a le droit d'ôter arbitrairement la qualité du citoyen à un ministre de la Religion?.... De sorte que le savant Prélat affaiblit tout à la fois et l'Eglise et l'Etat, en empêchant, d'un côté, les publicistes bien intentionnés de défendre la Religion par leurs écrits, et de l'autre, en interdisant aux Prêtres de défendre par leurs discours l'Etat et les intérêts du peuple........

Mgr de Paris dit que, dans les cas difficiles, on s'adressera à l'Evêque pour décider quel parti il faudra prendre. Mais dans la capitale de la France, foyer de tous les grands mouvements qui, depuis soixante ans, agitent et bouleversent notre patrie, on s'adressera nécessairement à l'auteur lui-même du *Mandement*, et nous avouons que son indulgence nous semble bien démesurée

(1) La seule méprise un peu grave qu'on ait pu reprocher à ces journalistes si habiles, c'est leur obstination à mettre les Evêques français des derniers siècles au rang des hérétiques les plus avérés. Cette accusation est souverainement injuste, puisque ces Prélats ont toujours été étroitement unis et particulièrement chers au Prince des Pontifes. Du reste, comme ces écrivains n'ont point été initiés à l'étude de la théologie, ils pouvaient être excusés par cette raison. Mais il n'est pas moins vrai que cette témérité criante qu'ils croyaient pouvoir se permettre, pouvait avoir les conséquences les plus funestes. Il y a lieu de croire que nous ne serons plus affligés par cette vaine imputation.

2

et mêlée de vues dont on a pu déjà reconnaître l'illusion et le
danger.

L'éloquent Métropolitain a écrit ces paroles : « Aujourd'hui,
» nous nous bornerons à développer les règles de conduite que le
» Concile de Paris prescrit aux Prêtres, surtout dans les temps
» de révolution, par rapport à la politique, et nous vous dirons
» tout ce qui ressort de l'esprit de ce décret, pour en compléter
» le sens, autant que possible, et vous en faire connaître ainsi
» toute la portée. (1). » J'ose dire que le vénéré prélat ne se
borne pas à faire *ressortir* et à *compléter* les paroles du Concile,
mais qu'il leur donne, sans s'en apercevoir, une extension qui
s'écarte visiblement des pensées de cette assemblée. J'aurai occasion de le démontrer, et je me borne à faire remarquer ici que
le calme et les sages précautions du langage dogmatique de cette
réunion restent bien en-deçà de l'ardeur, et, pour ainsi dire, de
l'enthousiasme que montre le Pontife, et qui lui ont déguisé à
lui-même des imprudences et des erreurs qui se sont répandues
dans son *Instruction.*

Examinons, à présent, ce qu'il a dit sur l'amour de la patrie et
sur l'obéissance à la loi. J'observe d'abord qu'autrefois on ne parlait jamais de l'amour de la patrie. Il était gravé si profondément
dans l'âme des Français, que c'était comme l'air qu'ils respi-
raient. Ils ne parlaient point, ils agissaient ; ce noble sentiment
s'exprimait de lui-même et se manifestait souvent par des traits
héroïques et par des miracles. Aujourd'hui, on insiste, à tout
propos, sur cette obligation naturelle et sainte. Mais le changement des temps semble faire un devoir de modifier l'expression de
cette affection vive et impétueuse. Avant d'exporter avec tant de
feu à l'amour de la patrie, il faut d'abord en connaître l'objet.
Mgr de Paris parle très éloquemment de ce principe des grandes
actions, il cherche à enflammer ses lecteurs par la peinture des
transports qu'excitait chez les païens cette flamme qui consu-
mait, pour ainsi dire, tous les cœurs. Mais il n'a pas fait une
réflexion indispensable. Autrefois l'amour de la patrie avait un
objet unique. C'était une nation seule, soumise au même gouvernement et formant un même corps, par les liens étroits qui res-
serraient ses membres. Tout tendait au même but. Cette nation
n'était qu'un seul homme. On pouvait donc exciter en elle une
ardeur sans mesures. Mais aujourd'hui, un peuple n'est point
dans ces termes. Arrêtons-nous à notre nation. Elle est divisée en quatre ou cinq partis. Chacun de ces partis se regarde
seul comme la patrie. Il ne voit dans les autres associations d'hommes que des âmes anti-patriotiques et dignes de sa haine violente
et implacable. On prétend exciter son courage, et l'on n'allume
que ses fureurs. Ainsi, ce beau sentiment qu'on cherche à ins-

(1) *Mand.,* pàg. 6.

pirer, n'aboutit qu'à mettre dans les âmes une rage brutale et déployée contre ses propres frères. Les succès sont divers ; mais un effet inévitable et commun, c'est la destruction de ce peuple, lequel doit succomber sous tant de guerres civiles qui déchirent ses entrailles et le précipitent enfin dans le même tombeau.........

..... La définition qu'il donne de la loi est prise dans saint Augustin (1), mais elle ne regarde que la loi éternelle ; c'est-à-dire la loi donnée par Dieu même. Cette loi est toujours infaillible. Dieu a dit au soleil : marche, suis la voie que je te trace et ne t'en écarte jamais ; le soleil obéissant n'est jamais sorti d'une ligne de cette orbite lumineuse qu'il doit parcourir jusqu'à la fin des temps. Il a dit à l'homme : fais le bien, évite le mal ; et jamais l'homme ne pourra faillir, en suivant les règles que la sagesse divine lui a prescrites. Mais l'homme qui fait des lois avec son libre arbitre, qui est sujet à ses passions, qui peut être dominé par l'intérêt ou corrompu par l'erreur, peut donner des lois vicieuses, tyranniques, impies. Que fait alors l'homme de bien ? Il exécute toutes les lois justes et conformes à la raison. Quand elles sont visiblement iniques, il ne résiste pas, il meurt. C'est ainsi que se conduisirent les premiers chrétiens, citoyens aussi éclairés que fidèles et sincères adorateurs du vrai Dieu. Telle est la règle inviolable. Mgr de Paris semble, au contraire, confondre toutes les lois, exiger pour toutes une obéissance aveugle, mêlée de sympathie, d'amour et d'enthousiasme.

Remarquez les idées que vous avez déjà vues dans cette *Instruction pastorale*, et qui en sont le fondement. La loi est rendue. On ne demande point au gouvernement nouveau quels sont *ses droits et son origine* ; le fait suffit. La force et la justice sont confondues. Le succès fait tout absoudre. On frappe, on renverse, on profane, on immole avec un aveuglement furieux et une brutalité impie. Grand Dieu ! quelles horreurs suivent la victoire ! Louis XVI, le plus vertueux des princes et qui ne respirait que pour le bonheur de sa patrie, tombe sous des mains parricides. Les siècles épouvantés gémiront ; les larmes n'auront ni fin, ni adoucissement ; et quelques jours sont à peine écoulés depuis que des cris d'une douleur profonde et d'indignation ont retenti dans l'Assemblée nationale. Tous les cœurs français ont répondu par les mêmes signes d'une douleur déchirante, et cette plaie toujours saignante et toujours vive produira, jusqu'à la fin des temps, cette affliction immense et inexprimable. Telles sont les lois formées au milieu des tempêtes et dans le sein des révolutions. La vertu que la Religion inspire les repousse, mais l'immense pluralité s'y laisse entraîner ou par l'intérêt, ou par la terreur, ou par d'autres faibles sentiments de cette nature.

(1) Lex æterna est ratio divina vel voluntas Dei ordinem naturalem conservari jubens, perturbari vetans. S. Auc. *Lib. XXII, Cont. Faustum*, cap. 27.

Les principes qui viennent d'être exposés et qui ont des suites si lamentables, ne trouvent point leur approbation ni leur source dans le Concile de Paris.

Je ne puis m'occuper ici ni de Socrate, ni de Platon. Privés d'une révélation divine, ils n'ont fait que bégayer sur la morale et la religion. Je crois que Mgr de Paris a raconté un trait du premier de ces philosophes qui n'est point appuyé sur des garants bien assurés. Socrate ne refusa point le moyen de recouvrer sa liberté, qui lui était offert au moment fatal où il allait tomber sous la haine de ses ennemis, par l'effet de son *dévouement inflexible à la loi* qui le condamnait. Xénophon, son disciple, et qui devait connaître mieux que personne tous les détails de la vie du philosophe et toutes les circonstances de sa mort, ne met, en ce moment, dans sa bouche, qu'un mot vague et qui tenait de la dérision. Il faut avouer que s'il avait jugé son évasion praticable, il n'aurait pas hésité à prendre cette voie de salut, puisqu'aucune loi ne condamne l'action d'un prisonnier même coupable qui sauve sa vie par la fuite. D'ailleurs, ce grand homme aurait cru devoir épargner à ses concitoyens un crime révoltant et dont l'horreur a été partagée par tous les siècles. Quant à Platon, il pouvait être très respectueux pour la loi, mais il en a donné lui-même d'absurdes, et quelquefois même de fort criminelles, que la pudeur empêche de faire connaître à ceux qui les ignorent....

.... Le *Mandement* de Mgr l'Archevêque a rempli de joie le camp ennemi : signe indubitable, non pas de l'intention du vertueux auteur, mais de l'effet qu'a produit et produira son ouvrage. On sait que la faction qui médite la ruine de notre peuple sait juger, avec une étonnante pénétration et une rare finesse, ce qui sert sa cause ou l'ébranle et la contrarie. Les partisans des révolutions sans fin et de l'instabilité monstrueuse et insensée des choses humaines possèdent ce triste talent. Or, quelle impression a fait sur ces hommes le *Mandement* dont nous parlons ? Hélas ! ils n'ont eu que des suffrages éclatants, qu'une admiration pleine d'empressement et de sympathie pour l'*Instruction pastorale* de l'éminent Prélat. Assurément rien de plus vain que ces transports et ces hommages. Eh ! qui pourrait croire que le Pasteur qui a conçu et exécuté le projet d'une sainte continuité de prières et d'adorations publiques adressées à Celui que les saints Livres appellent le Prince de la paix, qui a établi entre le ciel et la terre, au prix de son sang, la paix ineffable rompue par le péché de la créature, enfin dont tous les préceptes n'ont d'autre but que la paix et la plus tendre union entre les hommes, qui pourrait croire que ce Pasteur ait favorisé les desseins de ceux qui ne respirent que carnage, extermination et malheur ? Il n'a qu'à descendre dans les replis du cœur humain pour répondre à cette question. Le Prélat dont nous parlons et que nous révérons a une charité de feu, une piété vive et sincère, une foi profonde. Mais toutes ces qualités elles-mêmes l'ont emporté, et tandis que le désir du bien le presse et le consume, l'es-

prit de mensonge a mêlé, par une surprise fatale, aux vérités cé-
lestes et touchantes qu'il annonce, des erreurs qui l'ont ébloui et
qui renferment d'effrayants dangers. C'est ici que nous devons répéter ces mots d'un célèbre orateur : *Dieu seul est grand* ; et telle
est l'infirmité et et la faiblesse humaine, qu'avec une foi très pure,
de hautes et incontestables vertus, de rares talents joints à des
intentions saines et droites, on peut se tromper et induire les autres dans les erreurs les plus funestes.

La plaie est profonde ; le *Mandement* s'est répandu dans toutes
les contrées de la France, dans l'Italie et dans toute l'Europe, et
il parcourra, il ne faut pas en douter, toutes les régions civilisées
de l'Amérique. Cette plaie est d'une nature particulière et fort
maligne, parce que son effet consiste à flatter et à remuer la
convoitise la plus intime de l'homme, la plus prompte à s'éveiller,
la plus impétueuse pour commettre sur la terre de lamentables
ravages. Mais Dieu veille sur son ouvrage, et c'est ce qui doit nous
donner une juste confiance dans sa miséricorde.

Pour nous, mes chers Collaborateurs : qu'avons nous à faire ?
Nous devons prier pour l'Eglise, prier sans cesse pour les peuples
qui nous entourent et nous sont confiés. Dieu a créé, je l'ai dit, une
machine qui embrasse le genre humain tout entier, c'est la Société.
Cette machine est délicate, fragile ; et il faut qu'une sagesse profonde la règle et la soutienne. Il est évident que l'homme n'entend plus rien à la gouverner, qu'il n'en connaît plus le jeu ni la
marche. Demandons à Dieu, avec ardeur, de reprendre le maniement de ses ressorts que la folie et la témérité de l'homme ne sauraient que briser. Ils tiennent à peu de chose en ce moment. Un
abîme est ouvert devant nous. Mais ne perdez point courage. Le
moment n'est pas encore arrivé où un Ange criera du haut du
ciel : La fin est venue, la fin est venue, *finis venit, venit finis* (1).
Occupons-nous de nos devoirs avec un zèle sans bornes. Chas-
sons l'impiété qui s'égale à Dieu et qui est cette folle et cette
ignorante qui détruirait, s'il était possible, tout ce que la bonté
divine a mis sur la terre de grand, de bon, de désirable. C'est un
enfant horriblement pervers qui souille, détruit et met en poussière tout ce qu'il touche.

Soyez fermes dans les voies de Dieu. Surtout prémunissez-
vous contre les lâches terreurs ; allez à la Croix de Jésus-Christ,
restez constamment à ses pieds. Il descend de cet arbre de vie
une vertu qui ne peut tarir et qui jaillit avec plus d'abondance à
mesure que les périls augmentent et que les sujets de craindre s'ac-
cumulent ; courage, paix, confiance, cette Croix sera votre bou-
clier, votre rempart, votre salut et votre gloire. *In hoc signo vinces.*

Votre serviteur et père.

† CL.-HIPP., *Ev. de Chartres.*

Chartres, le 12 mars 1851.

(1) Ezech. VII, 1 et 6.

IV.

L'*Univers* publiait avant-hier la *lettre pastorale de Mgr l'évêque de Chartres au clergé de son diocèse, où sont présentées des observations sur le dernier mandement de Mgr l'Archevêque de Paris.* Hier, sur l'invitation de Mgr Sibour, le même journal a publié la pièce suivante :

ORDONNANCE

De Mgr l'Archevêque de Paris, déférant au concile provincial la lettre pastorale de Mgr l'évêque de Chartres du 12 mars 1854.

Nous, Marie-Dominique-Auguste Sibour, par la miséricorde divine et la grâce du saint-siége apostolique, Archevêque de Paris,

Vu les décrets du saint concile de Trente, session 24, chapitres 2 et 5, ainsi conçus : « Partout où on a interrompu l'usage de tenir des conciles provinciaux, on
» devra le rétablir, afin de régler les mœurs, de corriger
» les abus, de terminer les différends et de statuer sur les
» autres points prévus par les saints canons.

» La connaissance et la décision des *causes grièves en*
» *matière criminelle contre les Evêques* qui emportent la
» déposition ou la privation, appartiennent seulement au
» Souverain-Pontife...!! Les causes *criminelles* de moin-
» dre conséquence *contre les Evêques* seront instruites et
» terminées par le concile provincial seulement, ou par
» ceux qu'il commettra à cet effet ; »

Considérant que Mgr l'Evêque de Chartres, par sa lettre pastorale du 12 mars *adressée au clergé de son diocèse*, a attaqué, au mépris de tout ordre hiérarchique, un acte de notre juridiction par lequel nous avons tracé à nos prêtres la ligne de conduite qu'ils doivent tenir dans les affaires politiques, et qu'il a formellement voulu que cette lettre fût *publiée dans notre diocèse* par la voie des journaux ;

Considérant que s'il était permis à chaque évêque de s'immiscer dans l'administration intérieure des autres diocèses, et, par des actes *publiés dans ces mêmes diocèses*,

de blâmer des mesures de pure discipline, l'autorité épis-
copale serait anéantie, les liens de l'obéissance entièrement dissous, et par conséquent le gouvernement des églises rendu impossible ;

Considérant en outre que, dans cette même lettre pastorale, Mgr l'Evêque de Chartres nous impute *des erreurs per-*
nicieuses et des doctrines dont il n'y a pas trace dans notre
mandement ;

Considérant que cette atteinte portée à notre autorité ju-
ridictionnelle et cet oubli de tout respect pour notre dignité de métropolitain, ainsi que *le scandale qui en résulte*,
ne nous permettent pas de garder le silence, quelque désir que nous en eussions, à cause du grand âge et des vertus de notre suffragant ;

Déférons au concile provincial de Paris, qui aura lieu
cette année, la lettre pastorale, du 12 mars 1851, de Mgr
l'Evêque de Chartres au clergé de son diocèse, *où sont*
présentées des observations sur le dernier mandement de
Mgr l'Archevêque de Paris, publié dans le journal l'*Uni-*
vers le 18 *courant.*

Fait à Paris, le 18 *mars* 1851.

† M. D. AUGUSTE, *Archevêque de Paris.*

Par mandement de Mgr l'Archevêque :

Le secrétaire général,

COQUAND, ch. h. S. G.

Voilà donc cette affaire en voie de revenir au point où
elle en était lors du désistement, trop héroïque peut-être,
des rédacteurs de l'*Univers*. Tout en regrettant *le scandale*
qui en résulte, nous avons toujours pensé que la suprême
autorité de l'Eglise aurait à se prononcer tôt ou tard sur
certains points de doctrine à la fois et de discipline qui se
rapportent à nos mœurs actuelles, telles que les institutions modernes les ont faites. Nous attendons son jugement
ou sa direction pour nous y soumettre.

Nous ne discuterons donc pas l'*ordonnance* de Mgr de
Paris. Nous le disions avant-hier, nous ne sommes ici ni
ses justiciables, ni ses juges. Nous vénérons le caractère
dont il est revêtu ; mais nous n'avons pas à suivre une di-

rection qu'il n'a pas mission de nous donner. Un autre est chargé de paître ici les agneaux du pasteur souverain : nous sommes heureux et fiers de faire partie du troupeau confié à sa vigilance éclairée autant que paternelle.

Pourquoi n'ajouterions-nous pas que ce nous est aussi une consolation bien grande que de voir nos opinions conformes à la doctrine du *criminel* doublement vénérable qui vient d'être si brusquement *déféré* par *ordonnance* devant le prochain Concile provincial. Nous ignorons entièrement les règles du droit canonique : comment la lettre pastorale du prélat peut-elle être déférée devant le Concile autrement que par citation du Concile lui même ; comment l'ordinaire de Paris préjuge-t-il, en le qualifiant *criminel*, un acte dont il ne devra pas même être juge dans le sein du Concile auquel il le défère ; comment, par un considérant de l'ordonnance peut-il, en s'absolvant lui-même, prévenir le jugement ou dicter la sentence des juges : à ces questions et à beaucoup d'autres qui naissent dans notre esprit, de plus doctes répondront.

Au surplus, puisque le prélat déclare que *Mgr l'évêque de Chartres lui impute des erreurs pernicieuses et des doctrines dont il n'y a pas trace dans son mandement*, cela ne prouve-t-il pas que Mgr de Paris condamne, comme Mgr l'évêque de Chartres, *ces doctrines et ces erreurs pernicieuses* ?

Que reste-t-il donc de *criminel* dans la lettre pastorale du pieux et courageux vétéran de l'épiscopat, qui veut prémunir son clergé contre une interprétation outrée et dangereuse, selon lui, d'un texte du Concile de sa province ?... Une interprétation erronée ? — Mais une simple explication n'aurait-elle pas suffi, alors, pour éviter le scandale ?..... Une atteinte portée à la juridiction du métropolitain par *la publication dans son diocèse* de cette lettre pastorale ? — Mais, est-ce que la publicité donnée dans un journal est bien *une publication* dans le sens que Mgr de Paris attache à ce terme ? S'il en était ainsi, les mandements de Mgr de Paris, reproduits dans plusieurs journaux qui les ont fait connaître à toute la France, auraient donc aussi été *publiés* dans les diocèses autres que celui de Paris, au mépris de la juridiction de leurs ordinaires ?

C'est ici une question grave et que nous devons aborder en peu de mots, car elle intéresse le journalisme en gé-

néral et elle atteindrait indirectement tous les évêques. A
ce point de vue, les actes de Mgr de Paris tombent sous
notre légitime critique, parce qu'ils ne vont à rien de moins
qu'à une extension de juridiction.

 La centralisation à Paris de toute la presse influente,
puissante par les capitaux dont elle dispose et par le talent
de ses rédacteurs, est une nécessité malheureuse, mais
c'est une nécessité de position. Pourtant, cette presse appartient bien moins à la capitale, d'où elle part, qu'à la
France entière qu'elle sillonne dans tous les sens. Prétendre, comme le fait Mgr de Paris, à un droit absolu de
direction sur la presse parisienne, c'est confisquer cette
presse à son profit, c'est s'en attribuer le monopole, c'est
en faire sa propre chose. Et Mgr Sibour l'entend si bien
ainsi, qu'il considère aujourd'hui comme *une publication
abusive et criminelle* la publicité donnée, par un journal
imprimé à Paris pour toute la France, à un document
émané d'un autre que de lui. Ainsi, pas un évêque en
France ne pourrait désormais faire imprimer quoi que ce
soit dans un journal de Paris sans la permission de Mgr
Sibour, ou sans s'exposer à être traduit comme *criminel*
devant un Concile. — Or, si l'on rapproche cette nouvelle
prétention de celle qu'a manifestée Mgr de Paris à la direction de la polémique même de la presse, on aura l'idée de
l'absorption la plus complète, du monopole le plus absolu
qui se puisse imaginer en matière de presse.

 Que la presse de Paris y songe donc, et qu'elle avise. —
Nous n'avons pas le temps de développer nos idées sur ce
sujet, l'heure nous presse ; — mais qu'elle se demande ce
qui lui adviendrait, si la jurisprudence de Mgr Sibour pré-
valant, les journaux de Paris étaient mis à l'index dans les
autres diocèses.

 Une autre considération, et celle-ci s'adresse à tous les
hommes politiques. Une fois qu'il sera passé en principe,
que la presse est sous la direction de l'archevêque de
Paris en matière de doctrine, et que tous les rédacteurs qui
voudront rester catholiques seront obligés de régler leurs
opinions sur celles du métropolitain, qu'adviendra-t-il ?
La presse honnête, modérée, catholique, se soumettra et
se taira. La presse anarchique seule conservera la liberté
de ses allures et l'audace de sa parole. Nous savons bien,
alors, comment et avec quelle violence l'ordre sera attaqué,

mais nous ne voyons pas comment et par qui il pourra être défendu.

Mgr de Paris avait-il bien pensé à tout cela ? Avait-il réfléchi qu'on peut le rendre désormais responsable de tous les excès de la presse anarchique tant qu'il n'aura pas excommunié successivement tous ses organes ? Car il n'a pas entendu, apparemment, réserver l'excommunication comme un privilége pour la presse catholique et modérée.

Oh ! sans doute, tout cela est déplorable et profondément regrettable. Mais, qui nous a fait cette situation ? D'où est venu le scandale ? Par qui toutes ces questions ont-elles été soulevées ? A qui et à quoi cela profitera-t-il ?

Nous gémissons profondément. Mais serions-nous quitte de nos devoirs pour nous être contenté de gémir ? Sommes-nous une sentinelle pour dormir ? Sommes-nous à la tribune du journalisme pour nous taire ? Avons-nous accepté une mission pour nous abstenir quand les circonstances deviennent graves ? — Nous avons pris la plume pour défendre les saines doctrines en tout, partout et sur tous les points. Quand on nous mettra dans l'impossibilité de remplir cette tâche, nous nous retirerons en disant pourquoi nous ne pouvons plus honorablement et librement la remplir : mais tant que nous en conserverons la responsabilité, on ne nous verra pas déserter lâchement et silencieusement le moindre de nos devoirs.

L'Abeille de la Vienne du 21 mars 1851.

LETTRE DE M. LE COMTE DE CHAMBORD A M. BERRYER.

Nous l'avons dit, c'est l'œuvre violemment interrompue de 1789 qu'il s'agit de reprendre. Le but à atteindre, l'Assemblée nationale le consigna dans sa délibération du 17 juin 1789, en déclarant qu'elle avait à s'occuper d'abord de « fixer, *de concert avec Sa Majesté*, les principes de la régénération nationale. » Le premier de ces principes, celui de l'hérédité monarchique, n'était alors contesté par personne. Le 6 juin, la députation des communes disait au roi Louis XVI : « Sire, vos fidèles communes n'oublieront jamais ce qu'elles doivent à leur roi... Le peuple français, qui se fit gloire dans tous les temps de chérir ses rois, sera toujours prêt à sacrifier son sang et ses biens pour soutenir *les vrais principes de la monarchie*. Dès le premier instant *où les instructions que ses députés ont reçues*, leur permettront de vous porter un vœu national, vous jugerez, Sire, si les représentants de vos communes ne sont pas les plus empressés de vos sujets à maintenir les droits, l'honneur et la dignité du trône, à consolider les engagements publics, et à rétablir le crédit de la nation. Vous reconnaîtrez aussi qu'ils ne seront pas moins justes envers leurs concitoyens de toutes les classes, que dévoués à Sa Majesté. »
C'est que le sentiment de la nécessité du principe de l'hérédité monarchique était profondément enraciné dans les cœurs; c'est que jamais prince n'avait été mieux fait pour inspirer la confiance et le dévouement que celui dont Voltaire avait dit lui-même : « Le premier édit de Louis XVI a été un bienfait... Il apprit à son peuple que son avénement méritait en effet le nom de joyeux... Depuis ce temps, tous les édits et toutes les ordonnances de Louis XVI furent des monuments de générosité élevés par une sagesse supérieure. On n'avait point encore vu d'édits dans lesquels le souverain daignât enseigner son peuple, raisonner avec lui, l'instruire de ses intérêts, le persuader avant de lui commander. »
Telle était donc la situation en 1789 : un roi *restaurateur des libertés françaises*, voulant sincèrement la restauration

de ces libertés ; un peuple profondément dévoué au principe monarchique, voulant maintenir ce principe et comprenant sa nécessité pour la sauvegarde même de ses libertés. Entre les deux se glissa la révolution : on connaît aujourd'hui ses œuvres.—Mais puisque la révolution est jugée, puisque le bon sens national a fait justice des sophismes, des préjugés, des criminelles doctrines qu'elle avait entassés, on peut dire que la France reste seule en face d'elle-même, et que c'est à elle à chercher son salut où il est. En 1789, ce fut le roi qui fut au devant du pays et qui le convia à travailler avec lui à la régénération nationale. Cette initiative ne peut plus venir aujourd'hui de la royauté ; nous l'avons exilée : il faut donc qu'elle sorte des entrailles même du pays, et que la nation, à son tour, appelle à son aide son auxiliaire le plus dévoué, le plus indispensable, en consacrant une fois de plus le principe de l'hérédité monarchique.

Pourquoi la France hésiterait-elle à faire cet appel ? Ne sait-elle pas comment et avec quel empressement il y serait répondu ? Nous avons cité déjà l'admirable lettre adressée à M. Berryer par l'auguste représentant du principe de l'hérédité monarchique : nous avons été heureux et fiers d'y trouver la consécration de nos principes et de la ligne politique que nous avons constamment suivie. Transcrivons-la ici de nouveau, afin qu'en la rapprochant des réformes désirées, promises ou déjà réalisées en 1789, tout homme de bonne foi puisse demeurer convaincu, que si la révolution s'est débarrassée par un assassinat du premier *restaurateur des libertés nationales*, nous pouvons encore asseoir sur un prince du même sang nos plus légitimes espérances.

V.

« Venise, le 23 janvier 1851.

» Mon cher Berryer,

» J'achève à peine de lire le *Moniteur* du 17 janvier, et je ne veux pas perdre un instant pour vous témoigner toute ma satisfaction, toute ma reconnaissance pour l'admirable discours que vous avez prononcé dans la séance du 16.

» Vous le savez, quoique j'aie la douleur de voir quelquefois mes pensées et mes intentions dénaturées et méconnues , l'*intérêt de la France, qui pour moi passe avant tout, me condamne souvent à l'inaction et au silence , tant je crains de troubler son repos, et d'ajouter aux difficultés et aux embarras de la situation actuelle !* Que je suis donc heureux que vous ayez si bien exprimé des sentiments qui sont les miens et qui s'accordent parfaitement avec le langage , avec la conduite que j'ai tenue dans tous les temps ! Vous vous en êtes souvenu ; c'est bien là *cette politique de conciliation, d'union, de fusion qui est la mienne*, et que vous avez si éloquemment exposée ; politique qui *met en oubli toutes les divisions, toutes les récriminations, toutes les oppositions passées*, et veut pour tout le monde un avenir où tout honnête homme se sente , comme vous l'avez si bien dit, *en pleine possession de sa dignité personnelle.*

» Dépositaire du principe fondamental de la monarchie , je sais que cette monarchie ne répondrait pas à tous les besoins de la France si elle n'était en harmonie avec son état social, ses mœurs, ses intérêts , et si la France n'en reconnaissait et n'en acceptait avec confiance la nécessité. *Je respecte mon pays autant que je l'aime; j'honore sa civilisation et sa gloire contemporaine* autant que les traditions et les souvenirs de son histoire. *Les maximes qu'il a fortement à cœur* et que vous avez rappelé à la tribune, *l'égalité devant la loi, la liberté de conscience , le libre accès pour tous les mérites à tous les emplois, à tous les honneurs, à tous les avantages sociaux*, tous ces grands principes d'une société éclairée et chrétienne me sont chers et sacrés comme à vous, comme à tous les Français.

» Donner à ces principes toutes les garanties qui leur sont nécessaires par des institutions *conformes aux vœux de la nation, et fonder, d'accord avec elle*, un gouvernement régulier et stable, en le plaçant sur la base de l'hérédité monarchique et *sous la garde des libertés publiques, à la fois fortement réglées et loyalement respectées :* tel serait l'unique but de mon ambition. J'ose espérer qu'*avec l'aide de tous les bons citoyens, de tous les membres de ma famille*, je ne manquerai ni de courage ni de persévérance pour accomplir cette œuvre de *restauration nationale*, seul moyen de rendre à la France ces longues perspectives de l'avenir, sans lesquelles le présent , même tranquille, demeure inquiet et frappé de stérilité.

» Après tant de vicissitudes et d'essais infructueux, la France , éclairée par sa propre expérience , saura , j'en ai la ferme confiance, connaître elle-même où sont ses meilleures destinées. Le jour où elle sera convaincue que le principe traditionnel et séculaire de l'hérédité monarchique est la plus sûre garantie de la stabilité de son gouvernement, du développement de ses libertés , elle trouvera en moi un français *dévoué, empressé de rallier autour de lui toutes les capacités, tous les talents, toutes les gloires, tous les hommes qui, par leurs services, ont mérité la reconnaissance du pays.*

» Je vous renouvelle encore, mon cher Berryer, tous mes remercîments, et vous demande de continuer, toutes les fois que l'occasion vous en sera offerte, à prendre la parole, comme vous venez de le faire avec tant de bonheur et d'à-propos. Faisons connaître de plus en plus à la France nos pensées, nos vœux, nos loyales intentions, et *attendons avec confiance ce que Dieu lui inspirera* pour le salut de notre commun avenir.

» Comptez toujours, mon cher Berryer, sur ma sincère affection.

HENRI. »

N'est-ce pas là, comme le disait Voltaire des édits de Louis XVI, n'est-ce pas là *de l'éloquence digne d'un roi?* N'est-ce pas là ce que ce philosophe trop célèbre appelait *persuader avant de commander?* Ne sont-ils pas tous énumérés dans cette lettre les grands principes que nous avons à cœur depuis 1789? N'y retrouvons-nous pas jusqu'aux expressions dont l'Assemblée nationale se servait à cette époque? Elle voulait *fixer*, DE CONCERT AVEC LE ROI, *les principes de la régénération nationale* : M. le comte de Chambord parle *d'accomplir*, D'ACCORD AVEC LE PAYS, *la restauration nationale.* Les députés des communes protestaient alors de leur empressement *à maintenir les droits, l'honneur et la dignité du trône;* et M. le comte de Chambord écrit cette admirable et touchante réponse : « *Je respecte mon pays autant que je l'aime; j'honore sa civilisation et sa gloire contemporaine autant que les traditions et les souvenirs de son histoire.* »

La France peut donc reprendre quand elle le voudra la grande œuvre de sa régénération nationale. Elle sait, maintenant, que si le représentant du principe héréditaire est décidé à ne rien faire qui puisse *troubler son repos et ajouter aux difficultés et aux embarras de la situation actuelle,* il *attend avec confiance ce que Dieu lui inspirera,* prêt à se mettre à sa disposition pour fonder, *d'accord avec elle,* un gouvernement régulier et stable, en le plaçant sur la base de l'hérédité monarchique et sous la garde des libertés publiques.

L'Abeille de la Vienne du 4 avril 1851.

VI.

Lorsque le conseil d'Etat fut appelé, en 1804, à délibérer sur le rétablissement de l'hérédité, il rédigea un projet de déclaration dont nous allons extraire quelques passages.

« Considérant que l'intérêt de la nation est d'avoir un gouvernement dont les principes soient fixes, les vues permanentes, les projets suivis, la politique invariable, les alliances solides ; — que la révolution n'a pas été commencée par la nation en 1789, contre l'hérédité de la suprême magistrature ;... que l'hérédité de la suprême magistrature dans une famille n'est pas une concession dans l'intérêt de cette famille, mais une institution dans l'intérêt du peuple ; . . . .

» Que, puisque l'hérédité peut écarter les dangers qui menacent, prévenir les malheurs qu'on redoute, assurer les avantages qu'on désire, la nation a un intérêt pressant de voir adopter cette institution ; . . . .

» Que l'hérédité de la suprême magistrature est analogue aux mœurs de la nation, convenable à sa population, adoptée à l'étendue de son territoire ;

» Que la nation votera, sans hésiter, en faveur du système héréditaire, au même instant où elle sera appelée à la garantie solennelle de toutes les institutions, de tous les droits pour lesquels ses armées ont combattu, et que le même acte assurera irrévocablement et sans retour, avec l'hérédité de la magistrature suprême dans une famille, la liberté individuelle, celle des cultes, la sûreté des propriétés, l'irrévocabilité des aliénations des domaines nationaux, l'égalité politique et civile, le système représentatif pour le vote des impôts et des lois, et enfin l'abolition des priviléges détruits. . . . .

» Les conseillers d'Etat sont d'avis :

» 3° Que l'hérédité doit être établie sur les principes posés au commencement de la révolution, en écartant toutefois ce qui fut fait par un sentiment de défiance envers la dynastie que la révolution a renversée. . . . .

» 4° Que la stabilité et la force de la puissance héréditaire, et les droits de la nation qui l'aura votée, doivent être inséparablement garantis dans le même acte par des institutions fondées sur la liberté individuelle, sur la liberté des cultes, sur l'inviolabilité des propriétés, sur l'irrévocabilité des ventes des domaines nationaux, sur l'égalité politique qui permet à tous les citoyens de parvenir à tous les emplois, sur l'égalité civile qui assure que tous les ci-

toyens sont jugés suivant les mêmes lois, sur le vote de ces lois par
une représentation nationale et sur l'octroi annuel des impôts,
après le compte des fonds accordés l'année précédente. »

Ce document est précieux pour nous : il émane du parti
conservateur d'alors, et il vient confirmer tout ce que nous
avons dit de ce parti, tout ce que nous avons dit de sa situation en présence du principe héréditaire aussi bien qu'en
face de nos libertés.

Ainsi, le conseil d'Etat de 1804 constatait, comme nous
l'avons fait, que la nation ne voulait pas, en 1789, le renversement de la monarchie héréditaire. Il constatait qu'il
était de l'intérêt du pays de revenir à l'application du principe héréditaire, et que le pays y reviendrait sans hésiter
au moment même où il aurait la certitude de voir garantir
en même temps toutes les libertés et tous les droits.

Or, nous le demandons à tous les hommes de bonne foi,
quel est, parmi eux, celui qui doute encore de la consécration définitive des libertés publiques et des droits de
chacun et de tous? Chose digne de remarque ! l'énuméra-
tion que le conseil d'Etat faisait alors de ces libertés et de
ces droits est précisément la même que nous retrouvons
monumentée dans la lettre de Mgr le comte de Chambord.
Nous ne disons pas assez : le conseil d'Etat en oubliait que
le représentant du principe héréditaire rétablit et met dans
leur jour, avec une lucidité, avec une éloquence vraiment
admirables.

Aussi, le *Messager de l'Assemblée*, journal orléaniste,
disait-il l'autre jour : « M. le comte de Chambord avait
bien compris la nature de l'obstacle, lorsqu'il a écrit sa
lettre de Venise : il allait droit contre la confusion de la
monarchie et du pouvoir absolu, et il répondait nettement
à la pensée de la France, en établissant la séparation entre
le despotisme et la royauté constitutionnelle. Cette lettre
inaugurait la véritable politique du parti légitimiste, celle
qui l'amenait infailliblement à faire cesser les défiances. »

Ainsi se fait peu à peu la lumière sur les déplorables
malentendus qui ont divisé le parti monarchique et qui ont
fait toute la fortune de la révolution. Voilà qu'il est constaté
que le représentant de notre vieux droit monarchique, que
les défenseurs persévérants du principe héréditaire ne se
contenteraient pas aujourd'hui des institutions et des liber-

tés que le libéralisme considérait comme le *summum* de
ce qu'il était permis à une grande nation de désirer.

On voit que ces deux documents n'ont pas été rappro-
chés par nous sans motifs, et qu'il n'est pas sans intérêt de
les comparer attentivement. Il en résulte qu'aucun mésentendu n'est plus possible, que nous voulons tous l'association féconde du pouvoir et de la liberté: de la liberté, comme
raison d'être du pouvoir; du pouvoir, comme garantie de
la liberté. S'il n'y a plus de mésentendu, il ne doit plus y
avoir de défiance. Aussi, le conseil d'Etat demandait-il que
l'hérédité fut rétablie sur les principes posés en 1789, *en
écartant ce qui fut fait par un sentiment de défiance* envers la royauté. On ne peut pas désavouer plus clairement
les faits révolutionnaires qui vinrent interrompre et compromettre la régénération nationale. C'est cette défiance trop
déplorable qui a fait naître et qui perpétue nos discordes.
Nous avons cru fortifier nos libertés en affaiblissant l'autorité; le pouvoir a pensé alors à son tour que sa mission serait plus efficace et plus facile, si les franchises nationales
étaient restreintes, si l'administration était fortement con-
centrée : c'était là une double erreur. On commence aujour-
d'hui à comprendre l'étroite connexion qui unit l'autorité
et la liberté, et les vœux du pays ont fini par se tourner
vers un pouvoir énergique et stable basé sur des libertés fortement réglées et loyalement respectées.

Tel est le programme entrevu par le conseil d'Etat dès
1804 : tel est le problème dont M. le comte de Chambord
nous a exposé la solution dans sa lettre si admirable, si
largement libérale, si sincèrement patriotique. Tel est le
principe de la légitimité. Il n'est point une institution dans
l'intérêt d'une famille ; il est *une institution dans l'intérêt
du peuple*, comme le dit la déclaration du conseil d'Etat.
« C'est, disait Casimir Perrier, une théorie imaginée dans
l'intérêt général. Ce principe a été institué comme une garantie d'ordre et de stabilité. » Ajoutons qu'il est la consécration de toutes les libertés politiques et civiles, car il est
basé sur l'accomplissement de tous les devoirs; et la liberté
de chacun n'est rien autre chose que le devoir exactement
accompli par tous.

Quand ces vérités seront bien comprises, — et elles com-
mencent à l'être, Dieu merci, — nous aurons fait un grand
pas vers la restauration sociale. « Si tout le monde pensait

vrai, écrivait Siéyès, les plus grands changements, dès qu'ils présenteraient un objet d'utilité publique, n'auraient plus rien de difficile. » Voilà pourquoi nous nous efforçons de mettre en saillie tous les documents qui sont de nature à porter la lumière dans les ténèbres amoncelées par la révolution.

L'Abeille de la Vienne du 7 avril 1851.

VII.

M. Anot de Maizières publie dans l'*Union* une nouvelle lettre politique dans laquelle il examine spécialement la question de savoir quelle ligne de conduite adoptera le Président de la République en ce qui concerne son avenir personnel.

Voici un extrait de cette lettre remarquable :

« Où est la force sociale qui manque aux grands noms, aux beaux talents, aux bonnes intentions?

» Elle n'est point, assurément, dans le comte de Chambord, mais elle est dans le principe qu'il représente, et dans la monarchie dont il est l'héritier.

» Son titre, créé par nos pères, consacré par le temps, reconnu par toute l'Europe, accepté par ses adversaires même, comme fait social, lui donne cette force morale dont la France a besoin pour en faire le centre de toutes les autres, et qui a l'immense avantage de ne pouvoir être ni perdue par lui, ni conquise par un autre, ce qui la rend le plus sûr gage de stabilité qu'on puisse avoir.

» Le comte de Chambord, bien qu'il soit un homme supérieur, n'est point fort de son mérite ; il est fort de sa position, qui est unique, et qui arrête les ambitions révolutionnaires, tout en encourageant les ambitions légitimes ; il est fort des sympathies des uns et du respect des autres ; il est fort de notre passé, de nos mœurs, de nos habitudes ; il est fort des services rendus et des fidélités jurées à sa famille ; il est fort du nombre des princes qui environneraient son trône et qui assureraient la perpétuité de sa maison en ajoutant à sa gloire ; enfin, il est fort de nos fautes, de nos malheurs et de nos périls, qui font penser à lui les hommes même qui en étaient le plus éloignés.

» A ceux qui disent : — La foi monarchique est une superstition ; — nous nous contenterons de répondre : — Cette foi est un fait, et ce fait est une force. Mettez-la donc à profit pour vous conduire au port, comme un pilote habile utilise les vents même qui le contrarient ; car, qu'estcc que la politique, si ce n'est l'art de tirer parti des forces existantes ?

» Nous dirons aux mêmes personnes : le droit héréditaire du comte de Chambord, que nous vous recommandons comme principe d'ordre, nous vous le recommandons également comme condition de liberté parlementaire ; car un gouvernement constitutionnel, exposé plus qu'un autre aux orages, a besoin aussi plus qu'un autre de reposer sur une base immuable.

» Nous dirions enfin à ceux qui voient dans toute monarchie la négation des droits du peuple : la monarchie parlementaire, non seulement reconnaît le droit primordial du pays, mais elle l'applique, mais elle s'y soumet, puisque, tous les ans, elle demande aux représentants de ce pays un budget sans lequel elle ne peut rien, des soldats qui sont son unique force, des lois sans lesquelles elle n'est pas obéie. Est-ce donc que le peuple est dépouillé de sa souveraineté quand on ne peut, sans la permission de ses représentants, lui prendre ni un conscrit ni un écu ? Voilà la force du comte de Chambord, voilà l'inexpugnable position qu'il occupe, voilà les garanties qu'il donne à la tranquillité, à la puissance et aux libertés de la France, comme à sa dignité et à sa grandeur au dehors.

» Louis-Napoléon a-t-il la même force, la même position et les mêmes moyens de sauvegarder les droits du pays ?

» Il est impossible aux hommes de bonne foi de répondre par l'affirmative.

» Pour hériter de l'ancienne monarchie, il manque de droit ; pour en fonder une nouvelle, il manque de gloire personnelle.

» Magistrat démocratique, il est légalement tenu, dans un an, de rentrer dans la vie privée ; candidat à une nouvelle présidence ou à un nouvel empire, il ouvre à nos yeux la triste perspective des intrigues, des illégalités, des coups d'Etat et des révolutions, qui n'aboutiraient à rien d'utile. Une telle position est malheureuse et le condamne à l'impuissance.

» Napoléon et Louis-Philippe, qui en avaient une beaucoup meilleure, n'ont pourtant jamais eu celle d'un roi légitime ; ils ont essayé de se donner ce précieux avantage ou de le remplacer ; ils n'y ont pu réussir : le génie de l'un et l'habileté de l'autre y ont échoué.

» Sacré par le Pape, mari d'une fille des Césars, domi-
nateur de l'Europe, le premier, en demandant au chef de
la maison de Bourbon une cession de ses droits, a avoué
que celle-ci possédait une force que lui, avec son génie et
ses victoires, n'avait pu lui enlever, en disant : *La force
est impuissante à rien fonder, le temps est le père des légitimités ; que n'ai je été mon petit-fils !* Idées napoléo-
niennes qu'en passant nous recommandons à l'Elysée : il a
prophétisé la puissance morale que possède aujourd'hui le
comte de Chambord et la faiblesse du Président actuel
de la République. Elevé au trône sans l'avoir cherché peut-
être, par la violence d'une révolution qu'il espérait maîtri-
ser, le second n'a jamais méconnu la puissance du principe
auquel sa royauté portait atteinte ; la preuve s'en trouve
dans les actes de sa diplomatie, dans les alliances prin-
cières de ses enfants, et surtout dans la prière qu'il leur a
faite en mourant, de rattacher leurs espérances de restauration à celles du comte de Chambord, prière sacrée, prière
suprême, prière qui est le cri de la conscience, le conseil
de la sagesse et le vœu de la tendresse paternelle.

» Louis-Napoléon peut-il impunément se passer d'une
force morale dont n'ont pu se passer de pareils hommes ?..

» En résumé :

» Sans le droit, peut-il avoir la force morale des convictions ?

» Sans gloire militaire, peut-il avoir la force matérielle
des baïonnettes ?

» Sans stabilité de position, peut-il se rattacher les propriétaires ?

» Sans moyens d'assurer le repos, peut-il être souhaité
et soutenu par les travailleurs ?

» Aux yeux des rois, que serait son usurpation ? La con-
tinuation d'une révolution qui les inquiète, et contre
laquelle ils prendraient des précautions ruineuses pour
nous.

» Quelle mission ces rois voudraient-ils lui donner ? Une
mission de gendarme européen pour traquer les révolutionnaires.

» A quels honneurs lui permettraient-ils de prétendre ?
A l'honneur d'épouser une des filles de Munoz.

» Sa fortune, élevée plus haut, n'en serait donc que plus
chancelante.

» Son génie, livré à lui-même, au milieu de sénateurs obséquieux, de députés muets, n'en serait que plus exposé à des fautes.

» En présence d'une proie plus riche, son entourage n'en serait que plus avide.

» Quant à la France, inquiète au dedans, isolée au dehors, privée de l'élite de ses généraux, qui, comme Neumayer et Changarnier, auraient quitté l'armée; privée de l'élite de ses hommes d'Etat, qui dès aujourd'hui repoussent les portefeuilles; privée de ses meilleurs administrateurs, qu'on éloignerait ou qui s'éloigneraient des directions et des préfectures, elle serait abandonnée aux notabilités de la société du Dix-décembre.

» Voilà la triste mais inévitable destinée qu'on propose au Président d'échanger contre la position d'un Guise ou d'un Condé.

» Voilà la triste mais inévitable destinée qu'on propose à la France de préférer au repos, à la puissance, à la grandeur et à la liberté que lui donnerait le rappel de la maison de Bourbon.

» Nous ne dirons plus aux Elyséens qu'un mot:

» La France, qui a élu Louis-Napoléon en haine de l'anarchie, ne le suivra pas s'il veut l'entraîner à de nouveaux hasards.

» A notre pays, nous ne dirons plus qu'un mot aussi :

» Le seul changement qu'il soit sage de désirer, c'est celui qui en rendrait d'autres impossibles.

» ANOT DE MAIZIÈRES. »

VIII.

C'est, assurément, un événement considérable que le changement qui vient de s'opérer dans la propriété de l'*Assemblée nationale*. Quand nous manifestions le désir de voir se réconcilier, enfin, sur le terrain des vrais principes sociaux, tous les membres de la royale maison de Bourbon, on nous répondait : « Faites d'abord la fusion dans le pays. » Les rapports politiques officiellement établis entre les conservateurs qui ont servi avec le plus d'éclat et de dévouement le gouvernement de 1830 et les hommes les plus considérables de l'opinion légitimiste, répondent suffisamment à cette objection.

MM. Berryer, de Saint-Priest, de Valmy, de Noailles, de Falloux, Molé, Guizot, de Montalivet, Duchâtel, Dumon, de Salvandy, de Montebello, Vitet, ont pris la noble initiative de cette réconciliation loyale et décisive. L'*Assemblée nationale* est devenue l'organe de cette pensée de conciliation : pensée éminemment patriotique, à laquelle tous les hommes de cœur peuvent et doivent se rallier aujourdhui.

La déclaration publiée à ce sujet par la nouvelle rédaction de l'*Assemblée nationale* a toute l'importance d'un document historique : c'est à ce titre que nous la reproduisons presque en entier.

L'Abeille de la Vienne du 21 avril 1851.

Nous n'entretenons, sur ce qui existe aujourd'hui, aucune illusion. C'est un régime essentiellement transitoire. Il n'en peut sortir ni une République, ni une dynastie. Nous n'avons pas construit un édifice ; nous nous abritons sous une tente.

Tout régime provisoire est en soi, et aujourd'hui plus que jamais, plein d'inconvénients et de périls. La France a surtout besoin d'un régime définitif, qui raffermisse les bases sociales, qui ferme la porte aux chimères anti-sociales. Un régime provisoire, quel qu'il soit, n'a que des armes très insuffisantes contre le mal qui nous dévore. On peut, sous un tel régime, combattre et contenir momentanément l'anarchie ; on n'en triomphe pas réellement. Nous avons aujourd'hui de l'ordre à la surface ; mais, au fond, c'est l'anarchie qui est en progrès. Et nous le sentons tous, car nous sommes tous sur le *qui-vive*, craignant que l'anarchie n'éclate demain. Elle ne peut être vaincue que par un régime qui soit vraiment définitif, et que l'instinct de la conscience publique considère comme définitif.

Notre conviction à cet égard est telle que, si la République pouvait devenir le gouvernement définitif et stable de la France, nous nous ferions un devoir d'être républicains. Nous ne demandons pas à un gouvernement quel est son nom ou sa forme, mais quelle est sa force d'ordre et de stabilité. La stabilité, c'est là le premier besoin du pays, la première condition de la liberté comme de la prospérité publique. Il faut à la France, pour tous ses intérêts moraux et matériels, un gouvernement qui dure, qu'on croie et qui se croit en possession de l'avenir. Le vice de la République, c'est de n'être pas, et, selon toute apparence, de ne pouvoir pas devenir ce gouvernement-là.

Nous le savons trop : la monarchie n'a point, en fait de stabilité, un privilége infaillible. Plus d'une fois nous l'avons vu tomber. Mais qui oserait s'en prévaloir contre elle? Nous avons vu tomber et retomber depuis soixante ans tous les gouvernements, absolus ou constitutionnels, république ou monarchie. Au milieu de ce commun désastre, la monarchie est, sans comparaison, le gouvernement qui a le plus duré et le mieux lutté contre le tremblement de terre universel. Non seulement la monarchie porte en elle-même un puissant principe de stabilité; mais elle a ses racines, et des racines profondes, dans les mœurs, les lois, les traditions, dans toute la vie de la France; elle est, pour nous, le gouvernement national, le seul que le peuple regarde comme un vrai et durable gouvernement. Là surtout réside sa force d'ordre et d'avenir.

Il n'y a de monarchie pour la France que la monarchie de la maison de Bourbon. L'homme le plus puissant des temps modernes, puissant par son génie et par la force de la révolution qu'il avait soumise à son génie, l'empereur Napoléon, a tenté de fonder une monarchie nouvelle. Il y a échoué. Qui le tenterait après lui? Les républicains ont raison quand ils disent qu'il n'y a d'alternative qu'entre la monarchie vraie et la République. La monarchie vraie, c'est celle que personne n'a faite et que tout le monde trouve et accepte toute faite, qui s'est formée à travers les siècles, et ne rencontre, dans le présent, ni parrain, ni rivaux. Celle-là seule est le port où la société peut jeter l'ancre et résister au vent furieux de l'anarchie.

Ce n'est pas assez que la monarchie soit vraie, il faut qu'elle soit complète. « Tout royaume divisé en lui-même périra, » dit l'Ecriture; et l'expérience, une expérience foudroyante, nous a fait voir, de nos yeux, ce que l'Ecriture a dit. Les hommes monarchiques se sont divisés et combattus. Leurs deux monarchies sont tombées. Toute la maison de Bourbon, acceptée et soutenue

par tous les hommes monarchiques, c'est la condition absolue de
la monarchie et du salut. Qu'il s'agisse des princes ou des partis,
les branches séparées sont hors d'état de résister à l'orage ; il y
faut le tronc avec toutes ses branches.

Pourquoi les hommes monarchiques se combattraient-ils encore?
Nulle sérieuse et vraie cause de lutte n'existe plus entre eux. La
société française, telle qu'elle est faite maintenant, est acceptée
de tous. Des faits accomplis, des droits acquis, des institutions
généralement voulues, voilà ce qui reste de nos soixante ans de
combats. Il y a une ancienne maison royale : il n'y a plus de parti
de l'ancien régime. Des animosités, des préventions, des méfian-
ces subsistent encore ; il n'y a plus de grands et pratiques motifs
de discordes. Des nuages de fumée roulent encore sur le champ de
bataille ; mais le feu est éteint. Dans la réalité, les deux partis monarchiques ont les mêmes idées et les mêmes desseins, comme les
mêmes intérêts. S'ils regardaient, d'un œil ferme, au fond des
choses; s'ils savaient s'affranchir des faux liens qui les tiennent encore séparés, ils verraient que la fusion est, entre eux, aussi naturelle que nécessaire.

La fusion, ce n'est point l'un des grands partis monarchiques
abandonnant son camp pour passer dans le camp de l'autre; ce sont
les deux grands partis monarchiques mettant en commun, après
une longue expérience, ce que leurs principes mutuels ont de vrai
et d'utile, et marchant ensemble au salut du pays. Ce n'est point
une classe perdant, et une autre classe reprenant la domination ;
ce sont les membres divers d'un même corps se rapprochant et
s'unissant pour rendre au corps entier la santé et la force. Que
demandait la France la veille de 1789, avant l'explosion des luttes révolutionnaires ? Était-ce que la société française fût mise en
pièces et en poudre, que la monarchie française tombât? Non : la
France demandait de grands droits pour tous, et un gouvernement
libre. Les erreurs et les passions de tous ont fait une révolution ;
la révolution n'était point dans les vœux de la France. C'était la
conciliation, la fusion des classes, des droits et des intérêts divers, au sein de la monarchie devenue constitutionnelle, que la
France désirait et espérait dès lors. Tel était vraiment le vœu et le
but de 1789. Est-ce que nous n'avons pas assez souffert pour être
guéris des passions et des erreurs qui nous ont fait manquer ce
but ? Est-ce que l'expérience n'a pas parlé assez haut pour que la
France obtienne enfin aujourd'hui ce qu'elle demandait déjà il y a
soixante-cinq ans ?

Nous ne voulons pas croire que les hommes profitent si peu de
ce qu'ils ont vu et de ce qu'ils ont souffert. Nous sommes décidés à
espérer beaucoup de notre pays; et pour notre pays, nous ne nous faisons pas plus d'illusions sur l'avenir que sur le présent. Nous ne mécon-
naissons point les difficultés du seul régime définitif qui soit possible,
pas plus que les faiblesses ou les services du régime transitoire qui
existe aujourd'hui ; la fusion se fera parce qu'elle seule peut vain-

cre définitivement l'anarchie et assurer à la France le gouvernement sans lequel la France périrait. Pour qu'elle se fasse , il faut ,
nous le savons, que les partis et les mêmes hommes qui veulent
autre chose éprouvent clairement leur impuissance. Il faut surtout
que la France elle-même reconnaisse que cette solution est indispensable à son salut. Nous sommes de ceux qui pensent que les
nations s'appartiennent à elles-mêmes et ne peuvent être gouver-
nées que de leur aveu. En attendant que la fusion se fasse, et en
travaillant autant qu'il est en nous à l'accomplir, nous n'ébranle-
rons point à tout risque la tente sous laquelle nous nous abritons
aujourd'hui. Nous ne ferons jamais de l'anarchie contre l'anarchie.
A ce terrible jeu, les hommes les plus habiles se trompent, et
les meilleurs partis se perdent et perdent le pays.

CHARLES RABOU.

IX.

Tandis que d'autres se donnent la triste et coupable satisfaction d'exhumer tous les documents qui peuvent servir
de texte aux récriminations et envenimer les querelles du
parti monarchique, nous avons entrepris la tâche de faire
repasser sous les yeux de nos lecteurs tout ce qui est de
nature à faire cesser les malentendus, à effacer les vieux
griefs, à chasser la défiance, à faire naître, enfin, cette
conciliation de tous, cette adhésion à un même programme,
cet aveu d'une même foi religieuse et politique, qui peuvent
seuls procurer le salut de la société et la prospérité de ce
pays.

Les manifestations, les déclarations récentes et décisives
que nous avons enregistrées déjà, auraient suffi, peut-
être, pour entraîner l'opinion ; mais nous manquerions à
la fois de reconnaissance et de justice, si nous négligions
de signaler ceux qui, les premiers, ont rendu courageusement hommage à la vérité, et ont arboré, au milieu des
émotions de la rue ou des discussions ardentes des partis,
le drapeau de l'union et de la pacification. C'est à ce titre
que nous transcrivons ici la lettre écrite dès 1849 par l'honorable M. Madier de Montjau père.

L'Abeille de la Vienne du 23 avril 1851.

LETTRE ADRESSÉE PAR M. MADIER DE MONTJAU PÈRE, AU
RÉDACTEUR DU Mémorial Bordelais.

Paris, 3 août 1849.

Vous avez dit vrai, Monsieur, en rappelant que la France de
février se couvrit de deuil à l'apparition de la République ; tandis
que la France de juillet, promptement rassurée par la conservation des formes monarchiques, ne tarda point à se livrer à l'espérance de voir continuer sa prospérité, dont les ordonnances
avaient suspendu le cours.

Oui, cela est certain et je le sais mieux que personne : En 1830,
beaucoup d'hommes honorables s'enorgueillirent, et très sincè-

rement , d'avoir inventé cette clémence perfide à la fois et révolutionnaire qui venait enseigner au monde à renverser les trônes
bien plus aisément en évitant de les ensanglanter.

Mais Dieu ne tarda point à être juste et à faire connaître que
les parjures politiques sont funestes à tous les degrés. Par mille
enseignements , il révéla aux constructeurs de la nouvelle royauté
le secret de son incurable faiblesse.

Ils sentirent tardivement , hélas ! qu'ils se flattaient en vain de
transformer la résignation de la France en mandat , et que le pays
étonné subissait , mais sans enthousiasme comme sans respect,
l'inviolabilité soudaine qui était improvisée sous ses yeux , et proclamée précisément par les mêmes hommes qui avaient foulé sous
leurs pieds trois inviolabilités quelques heures auparavant.

Alors aussi les destructeurs de charte et de dynastie comprirent
à quoi se réduisait , en réalité , leur clémence dérisoire , qui ne
s'était interdit qu'un seul attentat , celui de frapper matériellement
trois têtes irresponsables. Alors ils eurent honte et peur de leur
prétendue magnanimité qui les avait enhardis à décapiter la royauté elle-même , et à briser la couronne en croyant seulement la
déplacer.

Obligés à leur tour à invoquer le temps, ils voulurent se faire
amnistier par lui à force d'humilité. Soigneux seulement de vivre
et de durer, ils cherchèrent à suspendre, par une patience modeste,
une considération que la gloire et le génie eux-mêmes n'avaient
pu conquérir.

Vain espoir qui fut, en un jour providentiel, renversé par un
prophétique anathème. Le duc d'Orléans tombe mort soudaine-
ment , et aussitôt furent ouverts les yeux des 219 téméraires , qui
au 7. août avaient promis à ce prince infortuné une destinée si bril-
lante ! Ils frémirent en s'apercevant qu'ils n'avaient fait que préparer à la France et à un vieillard le fardeau écrasant d'une régence menacée par tant d'hostilités. Ils regrettèrent amèrement
un autre berceau qu'ils avaient pu garder , et qui était entouré ,
au-dedans comme au dehors, de tant de puissantes sympathies.

Cependant , Monsieur , après avoir vu crouler si facilement
l'œuvre impuissante de 1830, vous blâmez le bon sens et la franchise qui ne craignent plus d'avouer la faute d'avoir tout subver-
ti, lorsque , au lieu de nous borner à châtier le parjure ministé-
riel , nous punîmes la couronne , et au moment où elle était portée par un enfant.

Vous prenez pour un insulte à un vieillard malheureux , les
sympathies qui restent fidèles à un jeune exilé. Vous condamnez
à une éternelle proscription celui à qui aucune parole de ressenti-
ment ou de discorde n'a été imputée , même par ses ennemis ,
celui qui naguère suppliait ses amis de porter à la présidence le
prince Napoléon , et à la députation le maréchal Bugeaud.

N'affectez donc pas si obstinément, Monsieur, d'oublier que
Henri de Bourbon, dans toutes ses lettres (et notamment dans

celle que M. Joly cita un jour à la tribune), exprime *le sentiment profond de nos droits , proteste qu'il ne souffrira jamais qu'on fasse de son nom une cause de trouble et de division , et n'aspire à rentrer dans sa patrie que dans le cas où d'elle-même elle prononcerait son nom comme un gage de sécurité et de salut, comme la garantie véritable des droits et de la liberté de tous.*

Quoi! de tels sentiments , en toute occasion manifestés , ne peuvent, à vos yeux , expliquer les regrets ainsi que la confiance des légitimistes , auxquels sont également odieuses et les hontes du despotisme et les horreurs de la démagogie!

Nous consentirons bien à ne pas user du droit de vous demander en quelle occurrence et en quels termes un autre exilé a promis une garantie contre le retour de la corruption systématique à la fois et instinctive qui absorbait tous les caractères et toutes les institutions, lorsque la colère de Dieu nous laissa glisser dans un abîme.

Nous consentirons aussi à ne pas vous demander sur quoi vous fonderiez l'illusion de croire que ce qui vient de tomber si mal consentirait à recourir à la gloire pour se relever et se maintenir.

Mais si de telles questions, qui seraient peut-être un devoir, sont abandonnées par nous , de votre côté , Monsieur , en présence de cette placidité magnanime d'un prince libéral et dont vous ne doutez pas plus que nous , abstenez-vous de présages calomnieux.

A ce prince qui a si bien compris toutes les obligations que lui imposent le sang, la position et le nom de Henri IV , épargnez par justice, épargnez par humanité, l'indigne accusation de ne pouvoir plus rapporter à sa patrie que des larmes et du sang !

Croyez-en l'expérience d'un vieillard qui conservera toujours une confiance entière et respectueuse pour les inspirations de son généreux pays , la grandeur et la réconciliation de la France ne tarderont pas à sortir de l'avenir , quelque orageux qu'il apparaisse encore.

Mais pour cela, Monsieur , il ne faut pas exhorter les passions à demeurer implacables pour de nobles infortunes. Et surtout, il ne le faut pas en ce moment où nous avons à nous féliciter d'avoir placé au gouvernail un exilé dont l'inébranlable sagesse et la courageuse modération méritent notre reconnaissance et notre concours.

Maintenant , Monsieur , je dois vous apprendre que celui dont vous venez d'entendre les plaintes et les avis a demandé , un peu plus tard que M. Laffitte , mais non moins sincèrement que lui , pardon aux hommes et à Dieu.

Si j'ose encore quelquefois entreprendre des actes politiques hardis , c'est surtout parce que j'ai su me prémunir contre la présomption , en commençant de tels actes par le franc et humble aveu auquel je me suis accoutumé.

Lorsque mes 218 complices du 7 août 1830 commirent avec moi la folie criminelle de violer l'inviolabilité du pouvoir irrespon-

sable, de proscrire un innocent âgé de dix ans, et de refuser la
salutaire expiation à laquelle Charles X et son fils offrirent de se
condamner ; ce jour-là, Monsieur, mes mains et celles de ces
hommes du 7 août amassèrent un déluge de maux que février
vint faire crever sur notre pauvre patrie et sur le monde.

La responsabilité en pèsera toujours sur notre tête, puisque la
charte de 1814, sous laquelle notre nation avait réappris la liberté,
fut renversée par la présomption des 219, bien plus encore que
par les ordonnances Polignac.

Aussi les 219 ne doivent pas un seul instant oublier que les fautes d'aujourd'hui, autant que celles d'hier et celles de la veille,
n'étant que la conséquence naturelle et nécessaire du jour néfaste,
ils ne sauraient conserver le moindre droit d'émettre leur avis sur
la chose publique, si ce n'est à la condition de ne jamais nier
qu'ils ont indirectement engendré les fléaux d'aujourd'hui en dé-
chaînant, il y a dix-neuf ans, le fléau de l'instabilité.

Quant à moi, on ne me verra, en aucun temps, décliner une
obligation de cette évidence, surtout dans la conjoncture actuelle
où je remplis le devoir douloureux de blâmer d'anciens amis que
je vois prêts à devenir des adversaires. Je consens donc, sans
hésitation, à me placer, avec une sincère humilité, sous le joug salutaire d'une contrition préalable dont je confesse hautement la
convenance et la justice.

Voilà pourquoi, si des opinions que depuis dix ans j'ai recon-
nues funestes sont librement appréciées par moi, je ne pourrais
cependant avoir à craindre que les hommes envers qui je serais
contraint à me montrer sévère songent à me trouver orgueilleux.

S'ils s'obstinent à se proclamer infaillibles et se déclarent implacables, je retrouverais dans mes souvenirs assez de preuves pour
les amener à reconnaître que, parmi toutes les classes de nos
concitoyens, nous, bourgeois, qui avons trompé tant d'espérances, nous avons surtout le devoir d'être moins superbes et plus
miséricordieux.

P. MADIER DE MONTJAU père,

Ancien député, des 219 du 7 août 1830, et ancien conseiller à la Cour de cassation.

———————

X.

QUI A ÉMANCIPÉ LE PEUPLE?

I.

C'est un lieu commun passé à l'état de vérité, que le peuple doit son émancipation au régime démocratique, à la République surtout. Les révolutionnaires ont tant et tant répété cette affirmation, que les masses sont persuadées que la monarchie ancienne considérait ses *sujets* comme des serfs, les tondait comme des moutons; la République, au contraire, est venue pour émanciper la nation; elle lui a rendu des droits imprescriptibles et inaliénables; elle a proclamé sa souveraineté. Telles sont les idées qui ont cours aujourd'hui, grâce à la persistance avec laquelle elles ont été propagées, d'une part, et la mollesse qu'on a mise à les combattre, d'une autre part. De temps à autre, quelques voix se sont bien élevées pour démontrer la fausseté de ces assertions et démasquer le mensonge; mais que peuvent des protestations isolées?

Nous ne voulons pas refaire l'histoire de la liberté, et la montrer constamment victime de la démocratie, tandis qu'elle a presque toujours trouvé un intelligent appui dans la monarchie; notre intention est seulement de soulever un coin du voile dont on cache la vérité, et de rappeler quelques faits trop oubliés.

Qui a émancipé le peuple en 1789? Il est encore des hommes assez ignorants pour croire que ce furent les députés de la nation : comme si ce n'était pas Louis XVI, ce monarque si libéral, si profondément animé de l'amour du peuple, si désireux de le rendre heureux, quoiqu'il pût en coûter à son repos personnel, qui traça le programme de l'avenir, qui fit à la nation l'appel le plus franc et le plus complet. Les assemblées, qui usurpèrent successivement le pouvoir, qui violèrent le mandat qu'elles avaient reçu des électeurs, ne firent que gâter l'œuvre du roi : il avait posé le principe, elles le corrompirent en l'exagérant ; il avait découvert les plaies, elles les empoisonnèrent ; tous les maux dont la France a été assaillie depuis 60 ans, c'est à la démocratie absolue qu'ils sont dûs ; elle a voulu faire mieux que la royauté, son inexpérience et ses passions lui ont fait outre-passer le but.

A la fin de décembre 1788, le contrôleur général des finances traduisait ainsi la pensée du roi :

« Vous l'avez dit, sire, aux ministres qui sont honorés de votre confiance : non seulement vous voulez ratifier la promesse que vous avez faite de ne mettre aucun impôt sans le consentement des Etats généraux de votre royaume, mais vous voulez encore n'en proroger aucun sans cette condition. Vous voulez, de plus, assurer le retour successif des Etats généraux, en les consultant sur l'intervalle qu'il faudrait mettre entre les époques de leur convocation, et en écoutant favorablement les représentations qui vous seront faites pour donner à ces dispositions une stabilité durable. Votre Majesté veut encore prévenir, de la manière la plus efficace, le désordre que l'inconduite ou l'incapacité de ses ministres pourraient introduire dans les finances. Vous vous proposez, sire, de concerter, avec les Etats généraux, les moyens les plus propres à vous faire atteindre ce but.

» .... Votre Majesté se propose d'aller au-devant du vœu bien légitime de ses sujets, en invitant les Etats généraux à examiner eux-mêmes la grande question qui s'est élevée sur les lettres de cachet.... Vous ne souhaitez, sire, que le maintien de l'ordre, et vous voulez abandonner à la loi tout ce qu'elle peut exécuter.

» C'est par le même principe que Votre Majesté est impatiente de recevoir les avis des Etats généraux, sur la mesure de liberté qu'il convient d'accorder à la presse et à la publicité des ouvrages relatifs à l'administration, au gouvernement, ou à tout autre objet public.

» Vous avez encore, sire, le grand projet de donner des Etats provinciaux au sein des Etats généraux, et de former un lien durable entre l'administration particulière de chaque province et la législation générale..... Votre Majesté, une fois contente du zèle et de la marche régulière de ces Etats, et leurs pouvoirs étant bien définis, rien n'empêcherait Votre Majesté de leur donner des témoignages de confiance fort étendus, et de diminuer, autant qu'il est possible, les détails de l'administration première.

» Votre Majesté est encore déterminée à appuyer de son autorité tous les projets qui tendront à la plus juste répartition des impôts. »

Ainsi, le roi Louis XVI prenait l'initiative de toutes les réformes, de toutes les améliorations, au double point de

vue politique et financier, et ses projets auraient pu être
formulés ainsi :

« 1° La souveraineté réside dans la nation ; » car il reconnaissait aux députés de la nation le droit, et il leur re-
mettait le soin de l'organiser en États généraux.

« 2° Tout impôt est établi pour l'utilité commune. —
» Chacun y contribue en proportion de ses facultés et de
» sa fortune. — Aucun impôt ne peut être établi ni perçu
» qu'en vertu de la loi ; » car il voulait que l'*établissement*
et la *prorogation* de tout impôt fussent consentis par les
délégués du pays ; et il appelait *une juste répartition* des
charges publiques.

« 3° Les ministres sont responsables des actes du gouver-
» nement et de l'administration ; » car il voulait se concerter
avec les députés pour prévenir les fautes de ses conseillers.

« 4° Nul ne peut être arrêté ou détenu que suivant les pres-
» criptions de la loi ; » car il supprimait les lettres de cachet.

« 5° Les citoyens ont le droit de manifester leurs pen-
» sées par la voie de la presse ; » car il la rendait libre.

Eh bien ! ces cinq formules qui n'expriment pas autre
chose que la pensée de Louis XVI, elles sont empruntées à
la Constitution républicaine de 1848, défendue aujourd'hui
par les démocrates les plus avancés, comme constituant les
conquêtes du peuple. Ces conquêtes, on le voit, ne datent
ni de 1848, ni de 1789 ; elles ne sont pas plus le fait de la
seconde que de la première constituante ; ce ne sont même
pas des conquêtes, mais bien, nous ne dirons pas un octroi, mais une reconnaissance du droit national, par le
dernier des rois de la vieille monarchie, si calomniée par
ses misérables ou stupides ennemis.

Mais il y a mieux : à côté de la constatation des droits
généraux de la nation, Louis XVI plaçait l'une des meilleures garanties de ses droits, l'organisation, sur l'échelle
la plus large, des libertés provinciales. Là encore, son
œuvre, ou du moins son projet a été gâté, détruit plutôt
par la démocratie ; et tandis que le roi voulait que chaque
province pût veiller à ses intérêts ; que les *détails* de l'administration première fussent *diminués* autant que possible,
les prétendus amis du peuple l'emprisonnaient dans la centralisation, c'est-à-dire dans la tyrannie la plus absurde
et la plus dangereuse qui pût être imaginée.

4

II.

Le 14 janvier 1789, le roi faisait publier, pour la convocation des Etats généraux, un règlement dont nous allons citer et analyser quelques parties. Louis XVI déclarait de nouveau que son désir était de se mettre en communication avec la nation pour le *conseiller* et *assister*, « de manière que par une mutuelle confiance et par un amour réciproque entre le souverain et ses sujets, il soit apporté le plus promptement possible un remède efficace aux maux de l'Etat, et que les abus de tout genre soient réformés et prévenus par de bons et solides moyens qui assurent la félicité publique. »

Ainsi, ce que recherchait le chef de l'Etat, c'était l'amélioration du bien et la réforme du mal ; pour atteindre ce but, il s'adressait à tous ; il ne prescrivait pas des formules, il n'imposait pas des idées préconçues ; bien loin de là, dans la sincérité de son cœur, il demandait conseil à chacun, disposé à accepter tout ce que le pays trouverait bon, tout ce qu'il déciderait.

Est-ce ainsi que les émancipateurs du peuple, ses amis si chauds, ont agi en 1848 ? Ils s'en sont bien gardés vraiment ; c'était bon pour le représentant du principe monarchique de poser la question sur des bases aussi larges ; les organes de la démocratie devaient agir tout autrement, et tracer à la nation la conduite qu'elle aurait à tenir. Louis XVI faisait disparaître toutes les démarcations entre les ordres, les classes, eux les rétablissements ; c'était au nom du peuple tout entier qu'il parlait, eux traitaient pour une seule catégorie de citoyens, ceux qu'ils décoraient exclusivement, pour les flatter, du titre de *travailleurs*. Cinq ou six millions d'ouvriers étaient tout ; douze à quinze millions de paysans n'étaient rien. Les paysans ! On n'avait pas encore songé à eux ; on ne les prenait pas à cette époque pour une force ; c'étaient dans la pensée des dictateurs qui s'étaient donnés une garde prétorienne de 150 mille ouvriers payés à raison de 1 fr. 50 c. par jour, des espèces de sauvages, des sortes de brutes, qu'il fallait bâter et mener par le licou.

Le règlement de 1789 disait : « Sa Majesté a reconnu avec une véritable satisfaction qu'au moyen des assemblées graduelles, ordonnées dans toute la France, pour la *représentation du tiers-état*, elle aurait ainsi une sorte de communication avec *tous les habitants de son royaume*, et qu'elle se rapprocherait de leurs besoins, de leurs vœux, d'une manière plus sûre et plus immédiate.

» Sa Majesté attend surtout que la *voix de la conscience sera seule écoutée* dans le choix des députés aux Etats généraux. Sa Majesté exhorte les électeurs à se rappeler que les hommes d'*un esprit sage* méritent la préférence, et que par un heureux accord de la morale et de la politique, il est rare que dans les affaires publiques nationales, les *plus honnêtes gens ne soient aussi les plus habiles*. »

Quel langage simple et digne ! S'informer des vœux des populations, choisir pour les représenter des hommes vertueux, se guider selon la voix de la conscience dans ces choix, croire qu'en politique les plus honnêtes gens sont les plus habiles.... ce n'était pas d'après de pareilles maximes qu'on entendait composer les Etats généraux de 1848 ; l'Assemblée constituante devait reposer sur d'autres bases : « Il faut qu'elle soit animée de l'*esprit révolutionnaire*, disait-on ; — sachez bien que pour briguer l'honneur de siéger à l'Assemblée nationale, il faut être pur des traditions du passé. *Il n'y aurait qu'une voie de salut* pour le peuple qui a fait les barricades : ce serait de manifester une seconde fois *sa volonté*, et *d'ajourner les décisions d'une fausse représentation nationale*. »

Eh bien ! de quel côté est le libéralisme, l'amour du peuple, la reconnaissance de sa souveraineté ? Poser la question, c'est la résoudre.

Quant à l'influence que les officiers royaux devaient exercer sur les élections, le roi voulait qu'elle fût nulle. Partout, dans le règlement que nous citons, leur mission se borne à transmettre les ordres de convocation, à réunir les électeurs, à assurer la sincérité des élections et de la rédaction des cahiers. On procédait différemment en 1848.

Ainsi, Louis XVI voulait que ses officiers restassent les exécuteurs de la loi : Ledru-Rollin prescrivait à ses agents, *omnipotents* qu'on ne l'oublie pas, ses agents qui destituaient et décrétaient des impôts forcés, d'influencer la volonté des électeurs.

Maintenant faut-il rappeler l'organisation du *suffrage universel* par le roi Louis XVI ; le soin avec lequel il veillait à ce que tous les intérêts eussent de suffisants interprètes ; tous les *habitants* (et non pas tous les citoyens), paysans, ouvriers, bourgeois, nobles et prêtres, nommant leurs délégués, faisant connaître leurs vœux qui devaient être consignés dans des cahiers, fondus ensuite dans une rédaction définitive, faite avec le plus grand ordre et sous la garantie des plus sévères précautions? Il n'était pas jusqu'aux électeurs *oubliés* qui ne fussent appelés à se présenter spontanément aux Assemblées en justifiant de leurs titres.

L'espace nous manque pour entrer dans des détails connus d'ailleurs de tout le monde. N'en avons-nous pas assez dit ; nos citations ne sont-elles pas suffisantes, pour démontrer que le véritable émancipateur du peuple, c'est la monarchie et non la république? Que bien loin d'avoir étendu les droits de la nation, les prétendus démocrates n'ont fait que les restreindre au profit d'une classe de la société, et même d'une partie de cette classe, en remettant la toute-puissance aux mains factieuses de la populace parisienne ? Non ; les hommes de 1789 n'ont été que des imprudents, et ceux de 1848 des hypocrites ; la royauté seule a été sincère dans son libéralisme comme dans son dévouement.

A. Leymarie.

Correspondance du Congrès de Tours — 21 avril 1851.

XI.

RÉPONSE A DES QUESTIONS QUE CHACUN SE FAIT.

Laboureurs et ouvriers, vous qui, chaque jour au lever du soleil, prenez le chemin de vos champs ou de vos ateliers, vous que la nuit seulement rappelle au logis et au repos, vous avez appris à honorer Dieu, à féconder la terre, à donner à l'homme des vêtements et des demeures, et vous n'avez ni le besoin ni le loisir de faire des études politiques.

Cependant, à ces époques de trouble et d'incertitude, lorsqu'on remet vos intérêts si souvent en question, vous désirez, avec raison, savoir qui pourrait mieux les garantir.

Plusieurs y prétendent. Le Président Louis Bonaparte, le comte de Paris, le comte de Chambord sont, entre tous, ceux qu'on vous recommande le plus, et vous voudriez savoir la vérité sur ce qu'on vous en dit.

Je viens essayer de répondre à votre juste désir.

Vous me demanderez peut-être à moi-même : qui êtes-vous pour nous inspirer confiance? Je ne suis pas plus savant que d'autres, mais j'appartiens à vos contrées par mon origine, je suis d'une famille qui, comme toutes les vôtres, a servi la France dans les armées.

Mon nom est Kellermann; mon grand-père à Valmy, mon père à Marengo ont repoussé nos ennemis. Je n'ai pas eu, comme eux, l'heureuse occasion de verser mon sang pour la patrie, mais mon ambition a toujours été de la servir loyalement, et, dans toute occasion, j'ai été heureux de sacrifier mon intérêt à ce qui me semblait être l'intérêt général. Voilà peut-être quelques titres à votre bienveillante attention; mais je veux en avoir un autre que vous apprécierez sûrement, dans un temps où l'on fait de si longs discours; je répondrai à toutes vos questions en quelques pages seulement.

I.

Le prince Louis Bonaparte, vous le savez, c'est le neveu du grand homme dont l'univers a connu la gloire ; de ce grand capitaine qui a gagné tant de batailles ; de ce grand citoyen qui nous a délivrés, il y a cinquante ans, de la misère et de l'anarchie.

Le neveu a voulu plusieurs fois hériter de son oncle ; il a eu cette ambition à Strasbourg et à Boulogne ; il n'a pas réussi et il ne devait pas réussir. Il n'avait pas à nous sauver, dans ce temps-là, de l'anarchie et de la misère, et d'ailleurs il ne pouvait nous offrir de son glorieux oncle que le nom.

Mais la révolution de 1848 est arrivée : nous sommes retombés dans l'anarchie et la misère, et le nom seul de Napoléon Bonaparte a semblé un talisman contre les maux qu'il avait déjà guéris.

Guidés par ce souvenir, vous avez presque tous proclamé le prince Louis-Napoléon Président de la République. Vous ne pouviez mieux faire dans un pareil moment, et le prince Louis a justifié votre choix en réunissant les honnêtes gens pour combattre avec eux les ennemis de l'ordre, c'est-à-dire de vos intérêts.

Mais la République présidée par un Bonaparte suffit-elle pour consolider l'ordre, pour donner le travail qui assure le bien-être, pour diminuer les impôts, pour les répartir dans une plus juste proportion, pour alléger le fardeau du service militaire, en un mot, pour faire tout ce qu'on vous a promis depuis si longtemps.

Je ne perdrai pas le temps que vous me donnez à démontrer que la République ne fait rien de tout cela, vous le voyez vous-mêmes.

Ce n'est pas tout, les pouvoirs du Président expirent en 1852, et la Constitution vous défend de l'élire de nouveau. Elle vous le permettrait que vous n'en seriez pas plus avancés. Vous donneriez même l'empire au prince Louis, qu'il ne pourrait jamais devenir un véritable empereur. Il a assez de modestie pour comprendre qu'il ne peut donner qu'une pâle copie de l'empire, et c'est pour cela qu'il a laissé échapper les occasions qui lui ont été offertes de le rétablir; c'est pour cela qu'il se refusera toujours aux excitations des amis imprudents qui le poussent à tenter cette périlleuse aventure.

N'oubliez pas d'ailleurs que le prince Louis n'a pas d'enfants, que les autres membres de sa famille sont ennemis jurés de l'empire, enfin que le Président est, comme nous tous, dans la main de Dieu, et que le jour où il ne serait plus, vous verriez renaître les troubles de 1848, les gouvernements provisoires, les comités révolutionnaires, en un mot l'anarchie.

Encore une fois, vous avez bien fait, le 10 décembre 1848, de donner au prince Louis la présidence de la République. Il remplit son mandat avec le désir de faire le bien ; c'est une justice que l'histoire lui rendra ; mais, encore une fois aussi, cela ne suffit pas. Le Président réélu pour 4 ans, pour six ans ou même à vie, ne peut vous donner que du provisoire, et c'est le provisoire qui vous ruine; il vous faut du définitif.

Vous devez, sans doute, accorder au Président une juste reconnaissance pour les services qu'il a rendus, et l'aider à en rendre encore dans la situation difficile et précaire où il se trouve comme pouvoir élu; mais je vous le dis, dans votre intérêt, ne songez pas à lui demander plus de paix et de bien-être qu'il ne peut vous en donner.

Faut-il écouter ceux qui vous proposent de remplacer le prince Louis par le prince de Joinville ou le général Cavaignac?

II.

Le prince de Joinville ! Il a déclaré à ceux qui étaient venus lui proposer la présidence de la République, qu'il ne l'accepterait jamais. Cela se conçoit : présider la République, ce serait renier le droit et le devoir de sa famille ! Les sentiments élevés du prince de Joinville ne descendront jamais jusqu'à cette coupable abdication.

Le général Cavaignac ! Il serait forcé de gouverner avec les hommes qui étaient au pouvoir avant le 10 décembre, et qui nous conduisaient rapidement et inévitablement vers

la République rouge. Autant vaudrait appeler de suite
M. Ledru-Rollin et les communistes.

Cherchons de meilleures solutions.

III.

Le *Journal des Débats* tient pour le comte de Paris.
Qu'est-ce que le comte de Paris? C'est le petit-fils du roi
Louis-Philippe, que la révolution de 1830 avait couronné
et que la révolution de 1848 a détrôné.

Rétablir le comte de Paris, ce ne serait pas même rétablir la prospérité matérielle dont le maintien a coûté tant
d'efforts à l'expérience de Louis-Philippe et tant de sacrifices aux contribuables. Le comte de Paris sera encore
longtemps mineur; il serait sous la tutelle de sa mère,
la duchesse d'Orléans, qui serait elle-même à la merci des
ambitieux, parce qu'elle est étrangère et parce que le règne
des minorités est le plus favorable aux intrigues, dans tous
les temps.

D'ailleurs, il faut bien que vous le sachiez, les hommes
d'Etat qui ont servi Louis-Philippe sont tous d'avis qu'il ne
faut pas songer à rétablir le comte de Paris. On ne citerait
pas un seul personnage considérable qui voulût recommen-
cer l'épreuve de 1830; M. Thiers lui-même affirme qu'il n'y
songe pas. Presque tous les anciens ministres de Louis-
Philippe pensent que la régence de Mme la duchesse d'Orléans serait fatale à sa famille et à la France; qu'elle serait
le règne exclusif d'un parti; qu'elle serait entourée d'hostilités au dedans et au dehors; que les armées nécessaires
pour contenir tant d'ennemis épuiseraient les finances, feraient lever de nouveaux impôts et ruineraient nos ressources, sans même nous garantir le repos et la stabilité indis-
pensables à nos intérêts. Je peux vous assurer que le roi
Louis-Philippe, quelques mois avant sa mort, déclarait
formellement qu'il ne fallait pas songer à rétablir le comte
de Paris.

Le provisoire actuel, quoi qu'il soit loin de vous satisfaire, serait donc préférable à ce retour imprudent vers la
monarchie de 1830, et si vous n'aviez que la minorité du
comte de Paris pour améliorer votre situation, pour assurer

la vente de vos produits et pour alléger vos charges, je vous
conseillerais plutôt de garder ce qui existe.

Mais on vous propose une autre chance, on vous parle
du comte de Chambord ; laissez-moi donc vous expliquer
simplement et franchement cette solution, comme je vous
ai expliqué les autres.

IV.

Le comte de Chambord est le petit-fils de tous les rois
qui ont régné chez nous depuis huit cents ans et qui ont
fait la France ce que vous la voyez. Chaque fois que mou-
rait un ancêtre du comte de Chambord, tous les biens et
tous les fiefs acquis par le défunt revenaient à l'Etat ; c'est
ainsi que ses rois ont réuni successivement au comté de
Paris, qui était leur patrimoine primitif, la Lorraine, la
Flandre, la Franche-Comté, l'Alsace, le Dauphiné, la Pro-
vence, le Languedoc, la Guyenne, la Bretagne, la Nor-
mandie et tous les territoires qui se rattachent à ces grandes
provinces.

Ce sont les ancêtres du comte de Chambord qui ont af-
franchi vos communes ; c'est Louis XVI qui, le premier,
a proclamé les libertés dont vous jouissez aujourd'hui ; c'est
lui qui a aboli la dîme, la corvée et les droits féodaux ; c'est
Charles X, le grand-père du comte de Bordeaux, le dernier
de ces rois, qui a dégrevé l'impôt de 30 millions. On lui a
fait un crime des ordonnances de juillet, et je ne prétends
pas l'absoudre de cette interprétation téméraire de la charte;
mais son intention était bonne ; il voulait, dans votre intérêt, empêcher les factieux de faire ce qu'ils ont fait en 1848,
et il croyait que la charte lui en donnait le droit.

Mais, qu'est-ce que le comte de Chambord lui-même,
direz-vous ? Je l'ai vu souvent et je peux vous le faire connaître : c'est un homme de trente ans, élevé à l'école de
l'exil et du malheur ; ami de la vérité et de la bonne foi,
ennemi du mensonge et de l'intrigue. Les courtisans n'auront pas de chance avec lui ; il est franc et simple comme
le grand Henri, dont le peuple a gardé la mémoire ; il est
de ceux dont on fait les bons rois, parce qu'il est juste et

parce qu'il est l'héritier légitime de tous les rois que nous avons eus.

Vous savez ce que c'est que l'hérédité dans vos familles, c'est le droit protecteur de tous les intérêts privés; l'hérédité, dans le pouvoir, c'est le droit protecteur des intérêts publics. Les gouvernements élus à terme sont comme les fermiers qui songent, avant tout, à tirer le meilleur parti possible de leur fermage, sans s'occuper de ce qui viendra après eux. Les gouvernements héréditaires sont comme les pères de famille qui sèment et plantent pour l'avenir. Si vous continuez à affermer le gouvernement, il aura bientôt épuisé tous les sucs de vos terres ; si vous rétablissez l'hérédité du pouvoir, vous rendrez à la France la source de sa fécondité, parce que les pouvoirs héréditaires sont intéressés à bien administrer pour le présent et pour l'avenir.

Au reste, si vous voulez savoir par vous-mêmes ce qu'il faut penser du comte de Chambord, lisez la lettre qu'il vient d'écrire, et où il dit tout ce que disent ceux qui aiment la France, ceux qui veulent son repos, ceux qui désirent améliorer le sort de tous.

(*Suit le texte de la lettre à M. Berryer.*)

Vous le voyez, le comte de Chambord appelle à lui tous ceux qui veulent le bien de la France, tous les membres de sa famille, tous les bons citoyens ; il ne fait aucune différence entre ses amis et ses anciens adversaires pourvu qu'ils aient, comme lui, l'ambition d'être utiles au pays.

On vous dit qu'il aura des préférences pour telle ou telle classe de la société, ne prêtez pas l'oreille à ces insinuations calomnieuses. Le comte de Chambord n'aura pas de préférences, il veut prendre ses amis dans tous les rangs de la société, il le dit et vous pouvez le croire, car il n'a jamais trompé personne. Il veut utiliser tous les dévouements ; il veut, pour tout le monde, l'égalité devant la loi, la liberté de conscience, le libre accès pour tous les mérites, à tous les emplois, à tous les honneurs, à tous les avantages sociaux. Tenez donc pour certain qu'on n'a pas besoin d'être évêque, duc ou marquis, pour être ami du comte de Chambord ; tenez pour certain que la France trouverait en lui un Français dévoué, empressé de rallier autour de lui toutes les capacités, tous les talents, toutes les gloires, tous les hommes qui, par leurs services, ont mérité la reconnaissance du pays.

Je n'ai plus que deux mots à vous dire à ce sujet, mais ils méritent votre attention.

Avec le comte de Chambord tous les bons citoyens peuvent se réunir et se réconcilier, chaque jour en apporte la preuve. Déjà l'union est établie entre tous les hommes qui ont rendu les plus grands services à la France. Les amis les plus dévoués du comte de Chambord, MM. Berryer, Falloux, Benoist-d'Azy, le général Saint-Priest, etc., ont donné la main aux amis les plus illustres du roi Louis-Philippe, à MM. Molé, Guizot, Montalivet, Jaubert, Duchâtel, Dumont, Salvandy, Montebello, Mornay, Vitet, anciens ministres, pairs, députés, conseillers d'Etat et à beaucoup d'autres que je pourrais nommer. Tous les bons citoyens disent aujourd'hui que le moment est venu de mettre un terme aux divisions, et de se rallier sous un seul drapeau, afin de résister aux barbares modernes qui veulent détruire notre civilisation, sous prétexte de nous en donner une meilleure ; on reconnaît que la monarchie héréditaire, comme l'entend le comte de Chambord, est le gouvernement le plus favorable aux intérêts de tous, qu'il rétablit la paix au dehors et au dedans sur des bases inébranlables.

La paix au dehors, qui assure le développement du commerce, qui dispense de lever des armées considérables, et permet en même temps d'appeler moins de soldats sous les drapeaux et d'économiser 200 millions sur le budget de la guerre. La paix au dedans, qui donne à l'autorité la puissance de faire de bonnes lois ; à l'industrie la sécurité nécessaire ; aux capitaux liberté de soutenir les entreprises de longue haleine, d'encourager le travail, de lui garantir un juste salaire et de donner à tous les besoins une légitime assistance.

Vous avez peut-être entendu parler de la fusion ; eh bien ! voilà la fusion ! c'est le rapprochement de tous les bons citoyens, c'est leur adhésion commune et désintéressée à une politique d'*union et de conciliation qui met en oubli toutes les oppositions et toutes les récriminations passées* pour ne songer qu'au salut du pays.

Vous avez assez longtemps prêté l'oreille aux enjôleurs politiques, assez longtemps éprouvé leurs remèdes ; leurs plus belles promesses ont toujours abouti et aboutissent toujours à des mécomptes ; ils vous parleront d'économie et vous enverront des avertissements de 45 centimes !

Le comte de Chambord vous dit que son ambition est de fonder, d'accord avec vous, un gouvernement régulier et stable, qui réponde à tous les besoins de la France, qui soit en harmonie avec son état social, ses mœurs, ses intérêts. Il espère accomplir cette tâche avec l'aide des membres de sa famille et des bons citoyens ; c'est dire, cette fois, que le succès dépend de vous et que vous ne serez pas trompés.

KELLERMANN DE VALMY , *ancien député.*

XII.

Un des meilleurs éloges que nous ayons de la légitimité et de la monarchie héréditaire a été écrit par M. de Salvandy en 1832, dans son livre de *Vingt mois de révolution*. Cet ouvrage est un des plus beaux titres politiques et même littéraires de l'auteur. On sait qu'il en a donné une nouvelle édition en 1849. Le témoignage de M. de Salvandy est précieux pour nous à plus d'un titre. Ministre du gouvernement de juillet, nous le retrouvons aujourd'hui fidèle à ses opinions de 1832, répudiant tous les expédients et toutes les tentatives révolutionnaires, et travaillant activement à la réconciliation des partis et à la restauration des principes sociaux. — Voici un extrait du livre de M. de Salvandy.

« La légitimité est l'ordre dans la monarchie; l'ordre entendu de la question fondamentale des Etats monarchiques, qui est la transmission de la couronne. Il peut être violé, interverti, renversé, cela s'est vu; il ne s'est pas vu que ce fût sans les plus extrêmes calamités.

» On voit aussi ce que coûte aux nations le renversement du principe de la monarchie, même quand on le justifie par le droit de la guerre, par l'intérêt de la défense, par l'élan de la victoire. L'Etat ébranlé ne se rassied pas au prix des plus longs efforts.

» Ne contestons plus les biens de la légitimité. Comment nier qu'il y ait là un principe tutélaire, une sanction haute et puissante qui se lie à bien des besoins matériels et moraux, puisqu'on ne peut l'abjurer sans que le sol tout entier ne tremble? La légitimité est à l'édifice des monarchies une clef de voûte donnée par l'histoire. Elle place le pouvoir royal sous l'abri des siècles, en le rendant respectable par ce double sceau de l'avenir et du passé qu'elle porte en elle-même. Elle appuie toutes les institutions du pays à un élément éternel d'ordre et de stabilité. Elle tient par là aux fondements de l'ordre social, et c'est pourquoi le jour où elle est arrachée, il n'est pas jusqu'à la borne des héritages qui ne soit ébranlée du même coup. On voit par sa chute chanceler l'inviolabilité même de la propriété, aussi bien que la sainteté des lois.

» Ce serait un point de vue bien étroit de ne considérer cette institution auguste que dans ses rapports avec l'intérêt ou le droit des têtes couronnées. Il faut la considérer dans tous les intérêts qui se groupent autour d'elle, dans tous les droits qui fondent sur elle leur repos, dans toutes les alliances intérieures et extérieures qui lui sont acquises. Si les rois ont une cour et une armée, la légitimité a aussi son cortége, d'autant plus considérable qu'elle a plus de siècles à ses côtés, c'est-à-dire, plus de souvenirs, plus de traditions, plus de gloires, plus de racines.

» L'ordre, en France, n'est pas de force à se défendre longtemps quand ses éléments se divisent. Cette monarchie (de juillet) qui aura contre elle les esprits et les intérêts monarchiques, parce que vous la voulez révolutionnaire, n'aura pas pour elle les forces révolutionnaires, parce qu'elle est la royauté, le pouvoir, un tronçon du régime ancien, un essai d'ordre.

» Dieu sait quand les dangers éclateront, mais ils n'en seront pas moins réels et toujours imminents. Voilà comment on arrive, de degrés en degrés, à compromettre tous les intérêts, parce qu'il en est que l'on a méconnus follement; à mettre en péril toutes les légitimités sociales, y compris la première de toutes, la propriété, parce qu'on n'a pas su comprendre et respecter les grands principes qui se rattachent à la légitimité monarchique, qui étaient les fleurons essentiels de sa couronne et qu'on n'entendait pas briser avec elle. »

Voilà un langage admirable de logique, de raison, de vérité. N'est-on pas heureux de voir des hommes d'une aussi haute valeur intellectuelle et morale, répudier ainsi de longues erreurs, et proclamer noblement les vérités sociales et politiques trop longtemps méconnues?

Nous pourrions continuer ces citations du remarquable ouvrage de M. de Salvandy ; nous y trouverions, à toutes les pages, la consécration des principes de la nationalité française, tels que nous les avons toujours compris et défendus. « Tout le monde crut que là révolution était finie, dit-il, » en parlant du 9 août 1830..., elle recommençait ! » L'honorable publiciste voit dans les révolutions de 1830 et de 1848, deux actes d'un même drame La révolution de 1830 nous a fait descendre la pente au bas de laquelle s'ouvre l'abîme : un moment, le pouvoir occasionnel de Louis-Philippe nous a retenus sur ce principe; mais l'instant est arrivé où il devait nécessairement se briser, et 1848 nous a vu rouler au fond de l'abîme. M. de Salvandy veut que nous en sortions par un grand effort, et que, pour sauver la France, nous abjurions tout ce qui l'a fait arriver si près de sa perte. C'est dans ce but qu'il demande *l'accord des principes et l'union des forces.*

M. de Salvandy a mis en tête de son livre ces paroles de

Mme de Staël : « Il faut savoir tour à tour précéder le flot
populaire et rester en arrière de lui. Il vous dépasse, il
vous rejoint, il vous abandonne, mais l'éternelle vérité demeure avec vous. » Ce conseil est très sage, et cette ob-
servation très vraie. Il faut savoir se résigner à l'impopu-
larité et chercher à retenir la foule, quand elle s'égare ; il
faut marcher devant elle, lui montrer la voie sûre, gour-
mander sa lâcheté, son aveuglement, quand elle s'endort
au bord des abîmes. Telle est la mission des hommes d'expérience et de courage ; elle les rend presque toujours im-
portuns, ici aux impatients, là aux endormis. Mais la vérité a son jour, comme Dieu dont elle émane : les foules,
alors, n'ont pas assez d'enthousiasme pour témoigner leur
reconnaissance à ceux qui les ont sauvées malgré elles; mais
ce jour de bénédiction n'est ordinairement que la veille d'un
nouveau jour d'ingratitude.

Ainsi va le monde, le monde de la politique surtout. Voilà
pourquoi il faut du courage pour rester dans la vérité ou
pour y revenir. Voilà pourquoi on ne saurait avoir trop de
reconnaissance pour les hommes de cœur, d'intelligence
et de dévouement qui unissent leurs efforts pour ramener ce
pays vers les grands principes politiques et sociaux qui
peuvent seuls le sauver et qui ont fait longtemps sa grandeur et sa gloire.

L'Abeille de la Vienne du 2 mai 1851.

LETTRE DE M. VESIN, REPRÉSENTANT, A L'Echo de
l'Aveyron.

Voici la lettre adressée par l'honorable M. Vesin, représentant de l'Aveyron, au journal de Rhodez, après le voyage
de Wiesbaden.

M. Vesin dit lui-même qu'il était orléaniste en 1848, et
qu'il est le fils d'un bonapartiste. On va voir le noble et
beau langage qu'il tient aujourd'hui.

C'est le cri d'une conscience honnête, d'un cœur droit et
d'un esprit élevé, et jamais ce langage ne se fait entendre
sans pénétrer les cœurs, parce que la conscience humaine
est faite, en définitive, pour la vérité.

Il y a, dans la voix d'un homme qui, désabusé, proclame
cette vérité, au nom des intérêts sacrés du pays et en re-
foulant ce qui engage le plus l'amour-propre, quelque
chose de doux et de grand à la fois, qui remue profondément les âmes.

L'Abeille de la Vienne du 5 mai 1851.

XIII.

Passy, villa Beauséjour, 9; banlieue de Paris.
27 août 1850.

Au rédacteur de l'*Echo de l'Aveyron*,

J'ai voulu, mon cher et honorable ami, avant de vous adresser
un résumé de mes impressions sur mon voyage de Wiesbaden, me
recueillir et m'assurer qu'elles n'avaient pas été conçues légère-
ment par l'effet de la surprise et de l'entraînement. J'avais compris et mesuré la gravité de mon entreprise avant de m'y décider.
J'ai cru devoir mettre la même mesure dans le récit que j'ai à
vous en faire et que je dois à mes compatriotes, car c'est pour
eux et non pas pour moi seul que je suis allé voir le représentant
de l'ancienne royauté, comme vous le pensez bien.

Les circonstances au milieu desquelles ce voyage a eu lieu l'expliquent naturellement. C'est entre les articles du *Moniteur du soir*
et les banquets de l'Elysée, c'est à la veille de l'apparition de

l'Ere des Césars que je suis parti. Lorsque tant de personnes se croyaient en droit de dire où elles allaient, sans songer beaucoup à la Constitution, je me suis cru non seulement en droit, mais en devoir de chercher où il fallait aller si on sortait de la Constitution. J'ai agi en cela suivant l'esprit qui m'a toujours conduit depuis que je suis revêtu du caractère public que m'ont donné les élections de 1848 et de 1849. Mandataire de mes concitoyens dans un temps de trouble et de confusion, sans aucun engagement pris ni imposé autre que celui de chercher loyalement le bien de mon pays, je me suis constamment considéré comme faisant partie d'un détachement envoyé à la découverte par un navire en détresse. C'est sous cette impression unique que j'ai exploré scrupuleusement tout ce qui se passe devant mes yeux. Je n'ai pas cru pouvoir me contenter d'un lieu de relâche ; j'ai voulu trouver un port et une terre hospitalière.

Eh bien ! je le dis bien haut et je le signale de loin à mes compatriotes qui me connaissent et qui peuvent douter de mon jugement mais non de ma sincérité, cette terre, ce port, je les ai trouvés. Je puis leur dire en conscience : Vous les avez connus dans le passé, mais vous ne les connaissez pas tels que je les ai vus. Le port a été agrandi, la rade est vaste et sûre. La terre ne porte plus ni citadelles, ni donjons. Ceux qui disent le contraire trompent ou se trompent. Ceux qui parlent de dîmes sont de misérables menteurs. Au contraire, on y paie moins d'impôts, parce qu'on n'a pas besoin d'autant de soldats. On y a plus de liberté, parce que le pouvoir y est plus fort, et que n'ayant pas besoin de songer à lui, il peut s'occuper davantage de tout le monde et se montrer moins ombrageux. L'égalité des droits y est reconnue franchement et sans détour. Enfin, les nouveaux venus y sont traités au moins aussi bien que les anciens amis, et le bon accueil est encore meilleur pour les petits que pour les grands.

Voilà ce que j'ai vu et soigneusement étudié, et voilà pourquoi je dis à mes amis de toutes les nuances que le jour où ils seront maîtres de se fixer quelque part, ils feront bien de tourner la voile du côté dont je parle ; car là seulement, à mon avis, ils trouveront ce qu'ils cherchent si péniblement et si infructueusement depuis soixante ans : une tranquillité honorable, — *otium cum dignitate* ; ce qui comprend tout, l'ordre et la liberté, l'honneur et l'honnêteté, toutes choses qu'un gouvernement fort et solide peut seul donner.

Maintenant, pour quitter le langage figuré, je vous dirai que je n'étais pas sans inquiétude en allant voir le comte de Chambord. Les portraits que j'en connaissais ne me plaisaient pas, et encore je les supposais un peu flattés, comme d'habitude. De plus, l'opinion était assez accréditée auprès de bien des gens que ses conseillers intimes exerçaient auprès de lui une assiduité qui sentait un peu la tutelle. Dès le premier abord, j'ai été bien vite et bien heureusement rassuré, lorsque j'ai vu cette tête toute virile et

5

toute royale, dont les traits semblent être empruntés aux meilleures figures de la maison de Bourbon. Leur régularité noble et l'expression de franche bonté qui y respire et y domine, y forment cet alliage si rare qui imprime simultanément le respect et ouvre le cœur.

Aussi ai-je éprouvé involontairement ce sentiment qui fait qu'on redoute un examen trop attentif, de peur de quelque déception, comme pour ces impressions que l'on voudrait garder et que l'on craint de perdre. Mais cette dernière anxiété a bientôt disparu comme la première.

Le prince a fait le tour du salon comme un homme qui est maître de lui et maître chez lui, en adressant à chacun la parole avec une dignité affectueuse qui répondait parfaitement à l'expression de son visage, sans effort, sans étude, laissant après lui la satisfaction sur le front de tous; et quand mon tour est venu, je savais d'avance que l'accueil qui me serait fait tout *politique* qu'il devait être, ne serait pas plus calculé ni moins irrésistible que celui d'Henri IV, se faisant des amis de ses adversaires, dès qu'ils pouvaient le voir et l'entendre.

Par tout ce qui s'est passé ce soir-là, comme par tout ce qui a suivi, puisque je viens de parler d'Henri IV, j'ai compris que le petit-fils était fait, comme l'aïeul, pour fermer l'ère des luttes intestines, reconcilier l'artisan avec le gentilhomme, comme le protestant avec le catholique, et communiquer à tous *cette violente amour pour le pays qui rend tout aisé et facile* (1). Il y a en effet en lui plus d'une ressemblance, indépendamment de celle du nom, avec le roi populaire par excellence. Otez au Béarnais ce qu'il tenait de son époque et de sa terre natale; au lieu d'un conquérant par l'épée, faites-en un conquérant par la patience et l'abnégation; en un mot, susbtituez à Arques et à Ivry Froshdorff et Wiesbaden, vous aurez de moins sans doute le triple talent si fort prisé de nos pères, vous aurez le Bourbon du dix-neuvième siècle au lieu du Bourbon du seizième, mais vous rencontrerez dans l'un et dans l'autre ce trait commun et également victorieux, la droiture du cœur, la chaleur communicative de l'âme, c'est-à-dire la plus puissante des séductions pour faire ouvrir les portes des villes, la plus forte des garanties pour un gouvernement honnête et par conséquent durable dans la mémoire et la reconnaissance des peuples.

Aussi ne suis-je pas étonné que les amis du comte de Chambord désirent si vivement qu'on le voie. Je le dis aujourd'hui comme eux. A ceux qui douteront, non pas de ma sincérité, mais de mon jugement, je me contente de répondre : Voyez et jugez par vous-mêmes. J'ajouterai seulement que celui qui leur parle n'est pas un intéressé, ni un noble, ni un fils des Croisés.

C'est un orléaniste, fils d'un bonapartiste, à qui sa conscience

(1) Ces paroles sont d'Henri IV.

ne permet pas de dire qu'*il s'est converti à rien*, et qui dès lors se croit obligé de se faire connaître à ses commettants tel qu'il est, pour qu'ils le suivent s'il est dans le vrai, et pour qu'ils en fassent justice, quand le moment sera venu, s'il est dans le faux.

Voilà, mon cher ami, ce que je crois un devoir pour moi de dire à mes compatriotes de toutes les nuances. Pour tout le reste, les journaux en ont suffisamment parlé. J'ai fait ce que j'ai pu, vous le savez, dans la faible mesure de mes forces, pour payer ma dette à la famille d'Orléans et à celle de Napoléon. L'intérêt du pays me le permettait. Je ne crois pas qu'il me permette d'aller plus loin désormais dans cette voie. Voilà pourquoi j'en signale une autre et je dis :

Hùc vertile proram,
O socii !....

Votre bien dévoué,

VESIN.

XIV.

Nos lecteurs n'ont pas oublié la lettre par laquelle l'honorable M. Pageot répudia hautement et noblement la politique anti-conservatrice du journal des *Débats*, et inaugura la politique de réconciliation qui peut seule sauver le pays, et qui sera bientôt dans tous les cœurs. Nous reproduisons une autre lettre que M. Pageot vient d'adresser à l'*Assemblée Nationale :* cette lettre prouve que la fusion est un fait irrévocablement accompli pour les hommes d'intelligence et de cœur; nous avons la certitude qu'il en sera bientôt ainsi dans toutes les couches sociales.

L'Abeille de la Vienne du 7 mai 1851.

Paris, ce 30 avril 1851.

Monsieur le rédacteur,

Aux époques de révolution, les voix qui sortent de la foule ont quelquefois la fortune d'être écoutées.

Vous accepterez, j'ose l'espérer, l'adhésion que je viens donner à la politique déjà si courageusement soutenue par l'*Assemblée nationale*, et qui s'est placée récemment sous les auspices d'hommes considérables, dont la plupart ont été, durant dix-huit années, à la tête du parti conservateur, s'efforçant, avec l'habile souverain qu'ils servaient, d'étayer une monarchie sortie des orages d'une révolution et considérée alors comme la seule digue à opposer aux flots qui menaçaient de tout submerger. Un nouvel orage est venu fondre sur la France, et la digue qui n'avait pas de fondements dans le sol, a disparu dans le torrent, qui a failli tout emporter. La tempête s'est un instant calmée, et ces mêmes hommes nous invitent à profiter du moment de répit qu'elle nous laisse pour entreprendre avec eux d'élever un ouvrage qui puisse résister aux nouveaux débordements que nous avons encore à redouter.

Répondons, tous tant que nous sommes, hommes d'ordre, à ce patriotique appel. Proclamons, avec eux, que le rétablissement de la monarchie héréditaire, représentée par la maison de Bourbon, toutes ses branches réunies, est le but que nous poursuivons. La conjoncture où nous sommes est unique dans l'histoire. La Constitution qui nous régit nous convie tous à la libre discussion

des institutions que le pays devra se donner, lorsqu'arrivera le
terme qu'elle a elle-même assigné à son inviolabilité. Disons à la
France qu'elle n'obtiendra la stabilité, à laquelle elle aspire, qu'en
se rattachant au principe de l'hérédité. Ce principe est aussi indispensable à la perpétuité des sociétés qu'à celle des familles. Il n'est
point inhérent aux monarchies; il est également essentiel aux Républiques. La plus prospère de toutes, dans les temps modernes,
le reconnaît dans le préambule de sa Constitution : « Le peuple
des Etats-Unis, dit-elle, voulant s'assurer à lui-même et à *sa postérité* les bienfaits de la liberté, décrète et établit la Constitution
actuelle. » Et plus loin, dans son article 4, elle dit : « Les Etats-
Unis garantissent à chaque Etat de l'Union la forme républicaine
de gouvernement. »

Que devient, en présence de ces déclarations, qui enchaînent
indéfiniment l'avenir d'une grande confédération, le dogme de la
souveraineté du peuple, tel que l'entendent les idéologues de la
démagogie européenne? Le peuple américain, avec l'instinct politique qui le distingue, a compris que toute société qui veut vivre
et se perpétuer doit s'imposer des obligations, et que la première
de toutes est de respecter les institutions qui sont l'ouvrage du
temps, des mœurs et du génie des peuples. N'est-ce pas ainsi que
l'entendait le général Cavaignac, lorsqu'il s'écriait à la tribune de
l'Assemblée nationale qu'il plaçait la République bien au-dessus de
la souveraineté du peuple? En effet, la République, pas plus que
la monarchie, n'est possible sans le principe réel d'hérédité.

Dans l'une comme dans l'autre, les institutions se transmettent
de génération en génération, et la stabilité, qui est la condition
d'existence de toute société, en est la conséquence. Opposons donc,
car nous resterons dans les conditions de la vérité absolue, le principe salutaire, fécond, vivifiant de l'hérédité, à la doctrine
fausse, absurde, impraticable, de la souveraineté du nombre,
qui n'est autre que la puissance, à tout instant, de briser les lois,
de renverser les pouvoirs et de décréter l'anarchie, ne reconnaissant pas plus aux sociétés qu'aux individus le droit du suicide. C'est
bien assez que les uns et les autres en aient la puissance. Opposons ensuite — car nous serons, cette fois, dans les conditions
de la vérité historique, c'est-à-dire de l'intelligence éclairée des
mœurs, des besoins, du génie de notre nation — la monarchie à
la République.

Et permettez que je déclare ici que je ne suis animé d'aucune
prévention contre cette dernière forme de gouvernement. J'ai vécu
de longues années au sein de la démocratie américaine : j'y ai
puisé un respect profond pour sa belle constitution, œuvre, non
point de rêveurs métaphysiques, mais d'hommes d'Etat éminents,
de citoyens vertueux, de patriotes dévoués, qui cherchaient dans
les traditions de leur patrie et dans les réalités de la situation au
milieu de laquelle ils vivaient, les solutions que leurs concitoyens
demandaient à leurs lumières et à leur expérience.

Ils ne confondirent point le rôle de législateurs avec celui d'innovateurs. Ils avaient à substituer à l'autorité de la métropole celle d'un pouvoir central qui servît de lien au faisceau de l'Etat dont devait se composer l'Union, et ils s'en tinrent strictement à cette tâche. Ils respectèrent tout ce qui n'était point nécessaire à son accomplissement.

Les institutions politiques, municipales et civiles de chaque Etat particulier, furent laissées intactes, et l'on a pu voir, jusqu'à ces dernières années, fonctionner dans l'Etat de Rhode-Island la constitution octroyée par Charles Ier à la colonie de ce nom. L'édifice de la République américaine est l'ouvrage de plusieurs générations. Il faudrait creuser les profondeurs du sol pour en trouver les premières assises. C'est là le secret de sa force et de sa durée. Il est un nouveau témoignage de cette vérité si méconnue de nos jours, que les institutions d'un peuple, pour être fortes, protectrices et respectées, doivent avoir leurs racines dans le passé.

Le peuple américain, n'en déplaise à ceux qui l'admirent pour ce qu'il n'est pas, est un peuple traditionnel, c'est-à-dire qu'il se reconnaît des ancêtres et en respecte religieusement les œuvres. J'ai pu aussi constater de près son aptitude singulière pour les institutions républicaines, mais j'ai en même temps remarqué que ce qui le rendait si propre à la pratique sincère de ces institutions, démontrait leur inapplicabilité aux peuples placés, comme le nôtre, dans des conditions diamétralement opposées aux siennes.

Ces conditions sont d'ordres divers : elles tiennent, en premier lieu, et surtout, à la qualité de la race dont les aptitudes, que je ne veux point juger ici, sont aussi incommunicables que peuvent l'être les propriétés du sol et celles des climats, et qui défient l'imitation. Elles sont aussi politiques. Les Etats-Unis sont une fédération, non artificielle, mais traditionnelle d'Etats, égaux entr'eux, et qui ne peuvent conserver leur existence distincte qu'à la condition de ne donner au pouvoir central, qui leur sert de lien, que ce qu'il lui faut d'autorité pour remplir le rôle d'administrateur supérieur d'intérêts communs.

La forme républicaine pouvait seule s'adapter à cette situation, ce qui permet de dire que la République subsiste aux Etats-Unis pour des raisons qui l'empêcheraient de s'établir ailleurs, savoir : le petit nombre de ses attributions et sa non-intervention dans les affaires intérieures de chacun des Etats qui la composent. C'est, au surplus, l'opinion de l'un de ses hommes d'Etat actuels, M. Buchanan, secrétaire d'Etat de l'Union, à l'époque où éclata la révolution de février, qui écrivait à son ministre à Paris : « Dites bien aux dépositaires actuels du pouvoir en France que, s'ils veulent fonder chez eux une République durable, ils doivent la chercher dans la forme fédérale ; car il est douteux que nous eussions réussi à affermir la nôtre en dehors de ces conditions. » Je cite la pensée, sinon les expressions.

Il existe, monsieur, d'autres causes, nombreuses et importantes, pour expliquer l'existence de la République américaine. Mais je m'aperçois que je vous adresse une dissertation au lieu d'une lettre, et je me hâte de terminer. Je dirai, en finissant : Laissons à l'Amérique sa République, qui lui assure, dans sa position exceptionnelle, repos, sécurité, puissance, et revenons, en France, à la monarchie qui, durant quatorze siècles, lui a donné de la stabilité, de la gloire, de la grandeur, à l'ombre de laquelle elle a pu deux fois, à travers la tourmente révolutionnaire qui laboure son sol depuis soixante ans, atteindre à un degré de prospérité qu'aucune autre forme de gouvernement n'avait su lui donner.

Recevez, monsieur, l'assurance de ma considération distinguée.

A. PAGEOT.

XV.

La fusion des partis monarchiques vient de recevoir en-core une nouvelle et importante adhésion, celle de M. Sau-zet, ancien ministre de Louis-Philippe, ancien président de la chambre des Députés. Ainsi, pas une intelligence élevée, pas une âme généreuse ne veut rester en dehors de ce mouvement patriotique de réconciliation et de restaura-tion sociale.

Voici comment s'exprime l'honorable M. Sauzet dans l'écrit qu'il vient de publier sous ce titre : *La Chambre des Députés et la Révolution de février.*

L'Abeille de la Vienne du 9 mai 1851.

Veut-on que cette fièvre dévorante dure encore, et trouve-t-on que l'épreuve de la République n'est pas faite ?

On a pourtant tout essayé ! On a expérimenté tour à tour les hommes et les politiques !

Nous avons eu : la République du socialisme et des aven-tures, avec la dictature anarchique des ateliers nationaux ; la République de la compression et de l'exclusion, avec la dictature militaire de juin ; puis la République de l'ordre régulier et de la résistance légale, avec la présidence de Louis-Napoléon.

Le pouvoir a passé par toutes les nuances républicaines et monarchiques, depuis les plus radicales jusqu'aux plus conservatrices. Il s'est appelé successivement Lamartine, Cavaignac, Dufaure, Barrot ; il est allé de M. Louis Blanc à M. de Falloux ! Sans doute, à mesure qu'il s'est rappro-ché de l'ordre, il a rendu plus de services, et donné plus d'espoir au pays ; mais nul n'a pu fonder la sécurité.

Reste-t-il de nouvelles combinaisons à entreprendre ou de nouveaux systèmes à user !

Tout le monde, il est vrai, convient que le mal vient de plus haut. On rend justice aux intentions et au mérite des hommes ; on s'en prend au vice des institutions. La Cons-titution, née d'hier, est déjà morte sous le poids de la ré-

probation publique. Sa révision, ou pour mieux dire sa ré-
novation totale, est devenue le cri de toutes les souffrances, l'espoir de tous les intérêts, le rendez-vous de tous les
partis. Déjà l'arène est ouverte, et quelques jours nous sé-
parent à peine de cette périlleuse et dernière épreuve. Que
tous les bons citoyens se pressent donc d'aider le pays à la
bien traverser ! Il y va de son salut !

Toutefois, il faut lui parler avec franchise et lui montrer, sans ménagement, le remède efficace et non de vains
palliatifs, qui prolongent les angoisses et ne les guérissent
jamais : il faut lui demander avec sincérité si le salut de la
France peut se trouver dans l'essai d'une nouvelle forme
républicaine.

La conscience publique a déjà répondu.

Quelle forme républicaine n'a-t-on pas déjà essayée dans
ce pays depuis soixante ans ? A quelles aventureuses expériences, à quelles douloureuses transformations l'empirisme
politique n'a-t-il pas déjà condamné cette docile et généreuse nation ?

Elle a subi la sanglante omnipotence d'une assemblée
unique, gouvernant et délibérant tout ensemble, concen-
trant en elle la puissance exécutive et la puissance législative, votant, trônant, dépouillant et proscrivant à la fois...
Et la France ne recommencera pas ; car cette Assemblée
s'appelait la Convention !

On lui a donné un pouvoir législatif en deux chambres,
et un pouvoir exécutif en cinq personnes ; et leur division
les a mutilés en fructidor, et tous ensemble sont tombés
au 18 brumaire, aux acclamations du pays.

La France ne veut pas plus ressusciter le Directoire que
la Convention ; elle est mobile sans doute, mais elle ne revient jamais à ce qui fut l'objet de son horreur ou de son
mépris.

Enfin elle a inauguré, en l'an VIII, l'unité du pouvoir
exécutif avec deux assemblées délibérantes ; elle a béni les
bienfaits du premier consul ; mais la Constitution consu-
laire l'a menée à l'Empire.

Ainsi, suivant qu'elle a, dans ses constitutions républicaines, affaibli ou fortifié le pouvoir, elle est arrivée à
l'anarchie ou au despotisme. Mais toutes ces constitutions
ont peu duré, et elles ont vécu de conflits et de guerres,
tandis que la monarchie constitutionnelle a donné trente

ans de paix au pays, et n'est tombée que par surprise, emportant tout ensemble sa prospérité et ses regrets.

La France a aujourd'hui un pouvoir législatif et un pouvoir exécutif, tous deux élus, distincts et indépendants, et déjà cette Constitution nouvelle ne peut plus supporter le poids de ces deux pouvoirs. Unis, ils s'absorbent ; séparés, ils se menacent, et le moindre conflit peut à chaque instant se résoudre en révolution.

Le pays le sent profondément, il voudrait donner au pouvoir exécutif plus d'autorité et de durée. Mais ce pouvoir a déjà presque toutes les prérogatives de la royauté ; il ne lui manque guère que son inviolable permanence. Un tel pouvoir n'est déjà plus la République, et c'est pour cela que la Constitution actuelle est encore peut-être la moins mauvaise de nos constitutions républicaines. Toutefois, qu'on fasse un pas de plus vers le pouvoir, et c'est déjà la monarchie.

Voilà la véritable situation. Le présent reproduit le passé.

Si la révision de la Constitution laisse les pouvoirs tels qu'ils sont, elle perpétue un antagonisme destructeur et prépare des luttes révolutionnaires. La société se briserait bientôt à ces chocs de tous les jours ; et, de tous les remèdes, une simple prorogation du *statu quo* est le plus impossible.

Si la révision affaiblit le pouvoir, c'en est fait de la société.

Si elle le fortifie, nous remontons à la monarchie, et c'en est fait de la République. Son nom même ne pourra lui survivre. Les peuples respectent peu les gouvernements qui ne s'avouent pas eux-mêmes ; ils n'aiment ni la réalité sans nom, ni le nom sans réalité. Dans tous les cas, ils méprisent le mensonge, et ne croient jamais aux pouvoirs qui ne croient pas hautement à eux-mêmes et à leur mission.

On peut essayer, l'expérience ne durera pas ; les subterfuges des hommes ne tiennent pas devant la nécessité des choses.

Les esprits sages ne devanceront pas les événements ; ils prêteront leur concours à la chose publique contre les violences désordonnées qui pourraient en précipiter le cours. Mais l'opinion se fera jour. Elle écartera les combinaisons bàtardes et les expédients équivoques. Elle posera les questions suivant la vérité. Elle voudra choisir entre la République et la monarchie.

La question ainsi présentée sera promptement résolue.

La monarchie est empreinte dans tous nos souvenirs, vivante dans toutes nos mœurs. Ses traditions furent chères à nos pères. Quatorze siècles l'ont implantée dans le sol, et de nos jours même, au dix-neuvième siècle, la monarchie impériale nous a dotés de quinze ans d'incomparable gloire ; et, après le deuil des jours d'invasion, la monarchie constitutionnelle a fait goûter à la France trente années de paix, de prospérité et de vraie liberté, sans antécédents dans son histoire.

Mais si le salut social fait entendre sa voix puissante, si les efforts de quelques hommes échouent devant la fatale instabilité de leur principe, si les jours de la République sont comptés sous la main de Dieu, si le torrent irrésistible de l'opinion entraîne de nouveau la France, fatiguée des périls et des aventures, vers le port salutaire de la monarchie, quelle monarchie aura l'honneur désormais d'abriter et de fixer enfin ses destinées ? Quelle main fermera pour toujours ce gouffre sans cesse béant de ruines et de calamités nouvelles ?

Question imminente et redoutable, qui remet en présence toutes les vieilles rivalités de prétentions et de pouvoirs, enflamme à la fois les plus nobles patiences et les plus irritables passions, et risque de soulever une implacable tempête. Il faut pourtant que les flots s'apaisent et que les barrières s'abaissent ; il faut que le patriotisme, répondant par d'héroïques efforts à de suprêmes nécessités, étouffe les sympathies et les haines dans une commune abnégation, absorbe les personnes dans l'impérissable grandeur des principes, et rallie enfin tous les sentiments inquiets, tous les intérêts blessés, autour d'une seule monarchie. A tout prix, il n'en faut qu'une ! Qui dit monarchie, dit unité. C'est le secret de sa force, la condition de sa vie. Plusieurs monarchies douteuses ne valent pas une République incontestée.

Ce qui manque à celle-ci, c'est la fixité du pouvoir, la certitude de la durée. Comment les partis monarchiques prétendraient-ils les donner tant qu'ils n'ont que des compétiteurs ennemis et d'éternelles divisions à offrir au pays ?

La multiplicité des candidats à la présidence vaut bien celle des prétendants à la royauté, et les querelles de scrutin sont, à tout prendre, moins effrayantes que les batailles de la guerre civile.

La lutte des partis monarchiques recommencerait le passé. Dans cette terre de monarchie, leur division seule a fait les révolutions qui nous ont déchirés.

. . . .

Le gouvernement de 1830 n'appartient plus qu'à l'histoire. Que ses revers et sa chute, après tant de succès et de services, soient pour tous les partis de sévères leçons ! Qu'on regrette ses jours de prospérité et de paix, mais qu'on ne compromette pas de grands souvenirs par une impossible épreuve ! Il faut s'en garder pour la paix de l'avenir, et pour l'honneur même du passé.

L'empire et la royauté de juillet écartés, reste la monarchie de la branche aînée. Elle a pour elle un principe dont l'éclipse même a montré la puissance, un besoin d'autorité qu'une triste expérience fait sentir à tous les bons esprits. Le dévouement des familles anciennes, la préférence des grands propriétaires, les sympathies du clergé et de la majorité des hommes religieux lui assurent de fidèles appuis. Elle domine dans les populations bretonnes et partage celles du Midi.

. . . .

Tous les hommes éminents que le principe traditionnel s'enorgueillit de compter dans ses rangs, comprennent que, pour durer, le pouvoir doit tout ensemble s'appuyer sur le passé par ses racines, et protéger le présent par son ombre tutélaire. Ils savent qu'un gouvernement doit être de son temps et de son pays ; que dans cette terre de fierté délicate et de jalouse égalité, il ne suffit pas de rassurer les intérêts, il faut surtout ménager toutes les dignités et respecter tous les sentiments ; ils le savent, et ils l'ont dit avec une saisissante éloquence. Leur parole et la loyauté du prince (1) qui leur a donné sa foi sont assurément de solennelles garanties ; mais les conquêtes du temps, les droits de la raison, la puissance de l'opinion parlent encore plus haut que

_____

(1) Depuis que ces lignes sont écrites, la lettre de M. le comte de Chambord a dignement confirmé ces présages; son noble et touchant langage doit dissiper bien des préventions.

toutes les promesses. Tout le monde le sent : rien ne saurait lutter contre l'esprit invincible et contre la vie même du siècle ; rien ne se peut sans l'union sincère de la grande famille.

Il appartient au représentant de nos rois de lui en donner l'exemple en s'environnant de la sienne.

Je n'ai pas l'honneur de connaître ce noble prince ; mais le monde sait cette vie digne, éclairée et modeste, étrangère aux ressentiments et aux illusions de l'exil ; ce dévouement qui refuse de mêler son nom aux intrigues qui déchirent la patrie, résolu à tout faire pour la France et à tout attendre de Dieu.

Un tel caractère ne reculerait pas devant le sacrifice d'un trône, mais aussi un tel caractère rendrait le sacrifice douloureux et funeste au pays. Le pays ne s'y condamnera point, il ne voudra pas s'exposer à d'éternels regrets ; il saura rendre justice à des vertus qui sont son patrimoine et doivent se féconder pour sa gloire. Il ne repoussera pas la seule alliance qui réponde dignement au passé et à l'avenir, la seule solution qui satisfasse pleinement à la justice, à la stabilité et à la grandeur.

Il ne se fermera pas les voies que la Providence semble avoir ouvertes exprès pour lui. Comment méconnaître le doigt de Dieu, quand on voit entre deux princes, dont l'un est le dernier reflet d'un grand nom, et l'autre le dernier rameau d'une branche illustre, surgir un jeune rejeton, portant dans ses veines le sang royal de l'un, et dans sa main le glorieux drapeau de l'autre ; en sorte qu'ils semblent prédestinés, l'un à donner magnanimement le trône, l'autre à le posséder avec sagesse, et le dernier à en hériter un jour, aux applaudissements unanimes de la confiance publique !

Ne brisons pas de nos propres mains le gage d'un tel avenir. Qu'une réconciliation sincère réunisse en un invincible faisceau les principes qui honorent tous les temps, les gloires de toutes les époques, les intérêts de toutes les classes, les sentiments de la nation tout entière !

Dans ce nouveau contrat de la France et de ses rois, que toutes les dignités soient respectées. Gardons d'enlever au principe la force même qu'on lui vient demander, et d'abaisser l'autorité du pouvoir qui est aujourd'hui le plus impérieux besoin de la société.

XVI.

Vous n'avez peut-être pas oublié un spirituel opuscule intitulé : *Les mémoires d'outre-tombe d'un peuplier, mort au service de la République*. Le même écrivain a pris la plume pour écrire le petit livre qui vient de paraître, sous ce titre : *Guerre à l'église du village, ou les mineurs de l'ordre social dans les campagnes* (1). Après avoir exposé l'influence pernicieuse de la violation du dimanche, du cabaret, de la garde nationale, du colportage, l'auteur résume ses pensées en présentant aux populations laborieuses le tableau de la mort de Napoléon. Je laisse la parole à notre modeste et éloquent écrivain : « Ce maître de l'Europe, ce fondateur d'empire, ce législateur, debout sur son rocher de Sainte-Hélène, aimait à promener sa pensée sur le théâtre du monde, où lui-même avait joué un rôle si prodigieux. Il contemplait son siècle et les siècles passés, son œuvre et les œuvres des plus grands hommes de l'histoire. Il pesait la force, la valeur de chacun d'eux et comparait ensemble la puissance de leur génie.

» Un matin, ayant ouvert l'Evangile, selon sa coutume dans les longs jours de son exil, il lut ces paroles du Sauveur : « Voici que nous allons à Jérusalem, et le Fils de » l'homme sera condamné à mort, flagellé, crucifié; et » c'est quand j'aurai été élevé de terre que j'attirerai tout » à moi. »

» Lui, conquérant tombé de son vivant, méditait avec enthousiasme les victoires que Jésus-Christ s'est promis de remporter après sa mort. Lui, grand capitaine, à jamais séparé de sa vieille garde, mesurait dans l'impuissance de son isolement, toute la distance qu'il y a des vainqueurs à la tête de leurs armées à ce vainqueur qui commence par monter à la croix et descendre au sépulcre, avant d'entreprendre la conquête du monde et d'y établir partout, jus-

(1) Paris. — Saguier et Bray, 64, rue des Saints-Pères. — Prix : 50 centimes.

que dans vos campagnes, sa puissante et humble Eglise.

» Plein de ces pensées, il demande à un des rares compagnons de sa captivité s'il pourrait bien lui dire ce que c'est que le fondateur de l'Eglise catholique. Le soldat s'en excuse ; il avait eu trop à faire depuis qu'il était au monde, pour s'occuper de cette question : « Quoi ! reprit doulou
» reusement l'empereur, tu as été baptisé dans l'Eglise
» catholique, et tu ne peux pas me dire, à moi, sur ce ro
» cher qui nous dévore, ce que c'est que Jésus-Christ, le
» divin fondateur de l'Eglise catholique. Eh bien ! c'est
» moi qui vais te le dire. » Puis, racontant, avec les accents d'une inimitable éloquence, l'établissement de l'Eglise, ses combats, sa marche à travers les siècles et les royaumes, son invincible fermeté dans son apparente faiblesse et ses continuels triomphes contre ses éternels ennemis : « Ce
» n'est, continue l'empereur, ni un jour, ni une ba
» taille qui en ont décidé : c'est une longue guerre de
» trois cents ans ; et dans cette guerre, tous les rois et tou
» tes les forces de la terre se trouvent d'un côté, et de
» l'autre, je ne vois pas d'armée, mais une énergie mys
» térieuse, quelques hommes disséminés çà et là dans tou
» tes les parties du globe, n'ayant d'autre signe de rallie
» ment qu'une foi commune dans le mystère de la croix ;
» le sang coule pendant trois siècles, partout les chrétiens
» succombent, et partout ce sont eux qui triomphent, et
» dans ce triomphe de l'Eglise tout est au-dessus des for
» ces de l'homme. »

» A ces mots, le soldat, illustre lui-même dans la guerre, accoutumé sur les champs de bataille à suivre les inspirations de l'empereur, crut pouvoir, sur le terrain de la discussion religieuse, résister à Napoléon, célébrant les miraculeuses conquêtes de l'Eglise catholique.

« Dans ces conquêtes, répondit-il, je ne vois que le pou
» voir du génie qui envahit le monde par l'intelligence,
» comme ont fait tant de conquérants, Alexandre, César,
» comme vous, sire, avez fait avec l'épée. »

« Vous parlez, reprit Napoléon, de César, d'Alexandre
» et de leurs conquêtes, mais combien d'années l'empire
» de César a-t-duré ? Combien de temps l'enthousiasme des
» soldats s'est-il soutenu ? Ils ont joui de ces hommages
» un jour, une heure, le temps de leur commandement et
» au plus de leur vie.

» Jésus-Christ attend tout de sa mort, et c'est après
» sa mort qu'il fonde son Eglise, encore vivante aujour-
» d'hui sous nos yeux. Concevez-vous un mort qui a des
» soldats sans solde et sans espérance pour ce monde-ci,
» et leur inspire une persévérance que dix-huit siècles de
» combats n'ont ni affaiblie ni lassée.

» J'ai passionné des multitudes qui mouraient pour moi,
» mais il fallait ma présence, l'électricité de mon regard,
» une parole de moi. Maintenant que je suis à Sainte-Hé-
» lène.... maintenant que je suis cloué sur ce roc, pense-
» t-on à moi? Est-il un soldat qui se remue pour moi en
» Europe? Hélas! mes armées m'oublient tout vivant......
» Je meurs avant le temps, et bientôt mon cadavre sera
» rendu à la terre pour y devenir la pâture des vers....

» Voilà la destinée du grand Napoléon! Quel abîme en-
» tre ma misère profonde et le règne éternel du Christ,
» prêché, aimé, adoré, vivant dans tout l'univers! Quelle
» différence entre mon empire évanoui et la conquête du
» monde par le christianisme et le perpétuel miracle du
» progrès de la foi et du gouvernement de l'Eglise! Les
» peuples passent, les trônes croulent, l'Eglise demeure!

» Quelle est donc la force qui fait tenir debout cette
» Eglise assaillie par l'Océan furieux de la colère et du
» mépris du siècle? Quel est le bras, depuis dix-huit cents
» ans, qui a préservé cette Eglise de tant d'orages qui ont
» menacé de l'engloutir? »

» L'Empereur se tut, et comme le général Bertrand gar-
dait également le silence : Si vous ne comprenez pas, reprit
l'Empereur, que Jésus-Christ est Dieu et l'Eglise son ouvrage; eh bien! j'ai eu tort de vous faire général (1)!

___

(1) Le général Bertrand a compris la grande parole de Napoléon, car, à son lit de mort, cet illustre maréchal de l'Empire
manifesta avec une majestueuse simplicité ses convictions profondes. Il voit le prêtre venir pour lui parler de Dieu et lui témoigner la
part sincère qu'il prend à ses souffrances. « Monsieur le curé,
répond aussitôt le général, il faut me confesser. »

Paroles de foi, qui attestent l'adhésion de l'esprit aux obligations qu'elle impose ; paroles de repentir qui invoquent une miséricorde nécessaire après les fautes échappées à la fragilité humaine ;
paroles d'amour qui montrent combien l'idée de la bonté infinie
qui purifie et qui pardonne, lui était douce et familière ; enfin,

» Quand donc, amis villageois, une parole impie viendra troubler votre foi en l'Eglise catholique, dans laquelle vous avez été baptisés, n'ayez pas peur, n'ayez pas peur! Que le beau diseur soit garçon d'écurie, bourgeois ou académicien, n'ayez pas peur; mais regardez-le en face, et, lui montrant le clocher de votre Eglise, dites-lui : Un jour Napoléon, du haut de son rocher de Sainte-Hélène, contempla le ciel, la terre et les mers; il considéra les empires, les institutions, les grands hommes et leurs créations; puis s'étant profondément recueilli, il s'est écrié d'une voix qui a ému l'univers :

LES PEUPLES PASSENT ! LES TRÔNES CROULENT !
L'ÉGLISE DEMEURE ! ! ! »

paroles du chrétien par lesquelles il cherchait la gloire pure, le bonheur éternel dans le sein de Dieu, qui mieux que nous sait récompenser la fidélité courageuse. (*Discours prononcé à l'inauguration de la statue du général Bertrand à Châteauroux.*)

AL. DE ST-CHÉRON.

XVII.

On lit dans la correspondance de l'*Emancipation belge*:

« Le principe de l'hérédité succomba, quand la monarchie succomba ; mais il se releva en 1814, le même jour qu'elle. Il n'était pas moins profondément ancré dans l'âme du duc d'Orléans que dans celle de Louis XVIII et de Charles X. S'il est sorti un moment de la branche cadette dans le chaos d'idées de la première révolution, il y est rentré pleinement en 1814 et y persista en 1830.

» Les journaux de Paris ont chacun leurs raisons pour ne pas enregistrer les preuves diverses qui existent des sentiments de Louis-Philippe en 1830, sentiments qui font partie de l'héritage de ses fils. Vous et moi qui avons, avant tout, l'amour de la vérité, nous ne devons pas partager les réticences intéressées de l'esprit de parti.

» Un des amis les plus dévoués de la branche cadette me racontait, hier matin même, ce qui se passait le 3 août 1830, dans un salon du Palais-Royal. Marie-Amélie travaillait près du roi en versant d'abondantes larmes à la pensée du trône dont on la menaçait, et le lieutenant général du royaume répétait : « Je ne serai jamais roi tant qu'il y » aura sur la terre de France un Bourbon de la branche » aînée. »

« Le temps est passé pour Votre Altesse Royale de vi» vre paisiblement au milieu des siens, sous les ombrages » de Neuilly, » disait l'ami dont je parle. « Il faut que » Votre Altesse Royale choisisse entre la couronne ou l'exil: » l'exil de la monarchie, entendez-vous ! »

» Le 5 août, celui qui avait prononcé ces paroles gagnait la chambre des députés, quand il fut arrêté sur le pont Louis XV par des républicains qui menaçaient d'envahir l'Assemblée, si elle osait faire un roi. M. le comte de R... entra à la chambre, convaincu qu'il n'y avait pas un moment à perdre pour avoir cette audace. M. Guizot était moins pressé.

» Plusieurs députés, Casimir Périer était du nombre, partageaient les sentiments du duc d'Orléans, et voulaient qu'on proclamât roi le duc de Bordeaux. Que faire de Charles X et du duc d'Angoulême? demandait-on. Là était l'obstacle. Ce ne fut que dans la nuit du 6 au 7 qu'on renonça à faire proclamer Henri V par le lieutenant général du royaume. Nouvelles preuves à ajouter à mes allégations récentes, à ajouter à la lettre publiée par le duc de Valmy et dont l'original existe, de la fidélité du duc d'Orléans au principe de l'hérédité monarchique.

» La candidature du prince de Joinville serait une atteinte portée à ce principe, et c'est ce qui me fait dire que ce noble fils de Louis-Philippe n'hésitera pas à la répudier. »

Voici le récit de M. le duc de Valmy et la lettre dont parle le correspondant de l'*Emancipation* :

« C'est dans la nuit du 31 juillet, vers une heure après minuit, que M. le duc d'Orléans fit appeler au Palais-Royal un personnage investi de toute la confiance du roi Charles X, et momentanément retiré au palais du Luxembourg ; c'est dans un cabinet où le lieutenant général du royaume avait fait jeter un matelas pour prendre quelque repos, que les explications ont été échangées. L'entrevue fut longue, elle dura plusieurs heures : l'avenir de la monarchie y fut examiné, la responsabilité de la maison d'Orléans, les éventualités d'un couronnement, tout fut prévu et discuté ; et, en dernière analyse, M. le duc d'Orléans exprima ses résolutions dans une lettre qu'il adressa au roi Charles X, et qu'il confia au personnage qu'il avait fait appeler. Celui-ci, de retour au palais du Luxembourg, remit la lettre à un serviteur fidèle, et le chargea de la porter secrètement à Trianon, où le roi s'était retiré en quittant Saint-Cloud, avec recommandation expresse d'anéantir cette dépêche à tout prix, en cas d'arrestation pendant le trajet. La lettre portait pour suscription, *au roi ;* plus bas, *le duc d'Orléans.*

» Au moment d'emporter ce précieux document à travers des lignes ennemies, le fidèle serviteur voulut se munir d'une copie, afin de la transmettre au roi, si les circonstances l'obligeaient à faire disparaître l'original. Cette précaution était justifiée par les circonstances. Cependant, la chambre où il se trouvait était dénuée de tout ; une plume fichée dans un vieil encrier de verre formait le mobilier du bureau ; le papier manquait absolument. Toutefois, la providence, qui se plaît souvent à montrer son intervention dans ces grandes péripéties, avait permis qu'un ancien traité des ordres du Saint-Esprit et de Saint-Michel se trouvât là pour recevoir la copie des explications de la maison d'Orléans, et la rendre plus sacrée : le feuillet le plus blanc de ce livre, celui qui portait la table des matières, en fut arraché, et la copie de la lettre du lieutenant général du royaume y fut écrite dans un moment où la révolution était déjà maîtresse du Palais-Royal. Ce feuillet, gardé pendant quinze ans dans une boîte de fer-blanc par celui qui l'a écrit, nous a été confié en 1845, dans l'espoir que nous en ferions l'usage le plus loyal et le plus profitable.

» Voici donc la copie authentique de la lettre du duc d'Orléans au roi Charles X. Le public jugera si nous avons répondu à la confiance qu'on nous avait témoignée.

« M. de *** dira à Votre Majesté comment l'on m'a
» amené ici par force ; j'ignore jusqu'à quel point ces gens-
» ci pourront user de violence à mon égard ; mais si dans
» cet affreux désordre il arrivait que l'on m'imposât un titre
» auquel je n'ai jamais aspiré, que Votre Majesté soit bien
» persuadée que je n'exercerais toute espèce de pouvoir que
» temporairement, et dans le seul intérêt de notre maison.
» J'en prends ici l'engagement formel envers Votre Majesté. Ma famille partage mes sentiments à cet égard.
» *Palais-Royal*, 31 *juillet* 1830.

» *Signé :* (Fidèle sujet.) «

» Nous savons positivement ce qu'est devenu l'original de cette lettre : le moment n'est pas arrivé de le dire. Ce qui est digne de remarque, c'est que le langage de ce document est conforme de tous points au langage *tenu par Louis-Philippe à ses derniers moments*, et à celui qu'il a tenu dans ses relations avec les cabinets européens; il résume très bien d'ailleurs ce que nous avons dit précédemment de la situation de la maison d'Orléans en présence des événements de 1830, des motifs qui ont pu l'amener malgré elle, dans un jour de tempête, à jeter la monarchie sur un radeau pour l'empêcher de sombrer.

» Ce que nous sommes fondés à dire, c'est qu'aujourd'hui la maison d'Orléans, en acceptant la couronne volontaire-

ment des mains de la révolution , trahirait les devoirs qu'elle
n'a pas cru trahir en 1830.

» Ce que nous sommes surtout en droit d'affirmer , c'est
que la branche cadette des Bourbons est , comme la branche
aînée , dépositaire d'un principe qui appartient à la France,
et qu'aucun descendant de Saint-Louis n'a faculté pour répudier ce glorieux et saint héritage ; car ce serait déshériter
la France elle-même d'un droit national , la liberté de sa
meilleure sauvegarde , et l'ordre de sa plus précieuse garantie. »

XVIII.

LES BOURBONS.

...... Quand il n'y aurait en France que cette maison de France dont la majesté étonne, encore pourrions-nous, en fait de gloire, en remontrer à toutes les nations et porter un défi à l'histoire.

Sujets avant d'être rois, les Bourbons moururent pour les Français avant que les Français ne mourussent pour eux : Pierre de Bourbon fut tué à la journée de Poitiers, Louis de Bourbon à celle d'Azincourt, François de Bourbon à celle de Sainte-Brigide, Antoine de Bourbon au siége de Rouen.

Les femmes de cette famille donnèrent de grands monarques à la France en attendant le règne de la lignée masculine : Marguerite de Bourbon, duchesse de Savoie, fut l'aïeule de François Ier. Lorsque les Bourbons, alliés à plus de huit cents familles militaires, eurent reçu tout ce qu'il y avait d'héroïque dans le sang français, la Providence fit paraître Henri IV et les Condés.

Les Capets régnaient lorsque tous les souverains de l'Europe étaient encore sujets. Les vassaux de nos rois sont devenus rois ; les uns ont conquis l'Angleterre, les autres ont régné en Ecosse ; ceux-ci ont chassé les Sarrazins de l'Espagne et de l'Italie, ceux-là ont formé les Etats de Portugal, de Naples et de Sicile. La Navarre et la Castille, les trônes de Léon et d'Aragon, les royaumes d'Arménie, de Constantinople et de Jérusalem ont été occupés par les princes du sang capétien.

En 1380, plus de quinze branches composaient la maison de France, et cinq monarques de cette maison régnaient ensemble dans six monarchies diverses, sans compter un duc de Bourgogne. En tout, une seule famille a produit cent quatorze souverains ; trente-six rois de France depuis Eudes jusqu'à Louis XVIII ; vingt-deux rois de Portugal ; onze rois de Naples et de Sicile ; quatre rois de toutes les Espagnes et des Indes ; trois rois de Hongrie ; trois empereurs de Constantinople; trois rois de Navarre et de la branche d'Evreux et Antoine de la maison de Bourbon; dix-sept ducs de Bourgogne de la première et de la seconde maison; douze ducs de Bretagne; deux ducs de Lorraine et de Bar.

Il faut se représenter dans cette nation plutôt que dans cette famille de rois, une foule de grands hommes; ces souverains nous ont transmis leur nom avec des titres que la postérité a reconnu authentiques: les uns sont appelés AUGUSTE, SAINT, PIEUX, GRAND, COURTOIS, HARDI, SAGE, VICTORIEUX, BIEN-AIMÉ, les autres PÈRE DU PEUPLE, PÈRE DES LETTRES.... *comme il est escript par blâme*, dit un vieil historien, *que tous les bons roys seraient aisément pourtraicts en un anneau, les mauvais roys de France y pourraient mieux, tant le nombre en petit.*

CHATEAUBRIAND.

XIX.

La *Gazette des Communes* publie, d'après le *Castrais*, un document d'où il résulterait que nous ne possédons que les débats falsifiés du procès de l'infortuné Louis XVI, que cette falsification aurait été faite sciemment, et serait devenue pour le rédacteur en chef du *Moniteur* un titre, auprès de Robespierre, à la *protection* et à l'*indulgence* des patriotes. La pièce en question est une lettre extraite d'un ouvrage intitulé : *Rapport fait au nom de la commission chargée de l'examen des papiers trouvés chez Robespierre et ses complices sur l'ordre de la Convention nationale*, par T. B. Courtois, député du département de l'Aube. Cette lettre n'avait pas été reproduite par la presse depuis le 3 janvier 1794.

LETTRE DU CITOYEN G... A ROBESPIERRE.

Paris, 18 juin 1793, l'an II de la République, etc.
G..., rédacteur en chef de l'article Convention nationale du Moniteur, au citoyen Robespierre.

Citoyen,

Plusieurs personnes m'ont fait craindre que votre motion de dimanche dernier ne tendît à une proscription générale des feuilles publiques, quoique je ne puisse croire qu'une feuille aussi utile que la nôtre puisse avoir été l'objet de votre proposition au moment où les lettres des commissaires de la Convention attestent qu'elle a principalement et essentiellement contribué à éclairer l'opinion d'un grand nombre de départements sur la révolution du 2 juin. Souvent on attribue à l'intention ce qui n'appartient qu'à l'erreur. L'écrivain le plus dévoué à la cause du patriotisme est sujet à être accusé ; souvent on le soupçonne pour la plus légère omission, parce qu'on ne songe pas combien il est difficile qu'un travail aussi rapide et aussi compliqué que le nôtre atteigne toujours à une entière perfection. Il n'y a que deux mois « qu'on avait l'opinion qu'un journal

» devait également publier tout ce qui se dit dans une séan-
» ce , pour ou contre » , en sorte que nous étions forcés ,
sous peine d'être dénoncés , sous peine de perdre la confiance de nos abonnés , de publier les doctrines les plus
absurdes des imbéciles et des intrigants du côté droit.
» Cependant , vous devez avoir toujours remarqué que le
» *Moniteur* a rapporté avec beaucoup plus d'étendue les
» discours de la montagne que les autres. Je n'ai donné qu'un
» court extrait de la première accusation qui fut faite contre
» vous par Louvet , tandis que j'ai inséré en entier votre
» réponse.

» J'ai rapporté presque en entier tous les discours qui
» ont été prononcés pour la mort du roi, et je ne citais que
» quelques extraits des autres qu'autant que j'y étais indis-
» pensablement obligé pour conserver quelque caractère
» d'impartialité. »

Je puis dire avec assurance que la publicité que j'ai donnée à *vos deux discours et à celui de Barère en entier*
n'a pas peu contribué à déterminer l'opinion de l'Assemblée
et celle des départements. Nous avons publié l'appel nomi-
nal de cette délibération avec la plus grande étendue. Il
nous a occasionné 6,000 livres de frais ; et vous avez pu remarquer que ce travail , fruit de mes veilles , a été rédigé
dans le sens le plus pur , et que toutes les opinions qui
concluaient à la mort du tyran ont été mises dans leur in-
tégrité. Personne ne contestera non plus que le *Moniteur*
n'ait rendu les plus grands services à la révolution du 10
août. Depuis plusieurs mois je fais les plus grands efforts
pour détruire les préventions qu'auraient pu exciter contre
nous quelques séances retouchées par *Rabaut Saint-
Étienne*, l'hiver dernier et pendant mon absence. Il est connu que ce Rabaut n'a été attaché que pendant trois se-
maines au *Moniteur*. Nous l'en avons exclu , ainsi qu'un
nommé *His* , qui rédige actuellement le *Républicain* , et
nous allons changer de rédacteur pour la partie politique.
Au reste , il suffit de jeter un coup d'œil sur nos feuilles ,
depuis un mois , pour voir qu'il n'est aucun journal qui
ait plus contribué à culbuter dans l'opinion les intrigants
dont le peuple va faire justice... D'après cela , nous
croyons avoir quelque droit à L'INDULGENCE ET MÊME A LA
PROTECTION des patriotes.

Signé : G....

XX.

UNE LETTRE DE M. LE COMTE DE CHAMBORD.

Il ne s'agit ici de rien de pareil à la lettre reçue par M. Berryer, véritable programme politique où le prince manifestait sa pensée tout entière. Non, c'est un petit mot intime et confidentiel écrit à M. Hyde de Neuville, au mois de février 1844. Mais le caractère même de ces lignes, qui n'étaient ni destinées à la publicité, ni tracées en prévision des événements actuels, ne garantit que mieux la profondeur et la sincérité des sentiments qu'elles expriment. Voici un extrait de cette lettre, copié sur le précieux autographe que possède la famille de M. Hyde de Neuville.

« Il est des hommes qui cherchent à faire croire qu'a-
» nimé de sentiments personnels ou d'une ambition vul-
» gaire, je veux porter le trouble et la discorde dans notre
» pays. Il faut donc que ceux de mes amis qui, comme
» vous et M. de Châteaubriand, me connaissent bien et
» exercent de l'influence sur l'opinion publique, s'attachent
» à démentir ces calomnies. Je regarde mes droits hérédi-
» taires comme appartenant à la France, et bien loin qu'ils
» puissent devenir, pour un intérêt personnel, une occasion
» de troubles ou de malheurs pour elle, je ne veux jamais
» remettre le pied en France que lorsque ma présence
» pourra être utile à son bonheur et à sa gloire. »

On le voit, ce n'est pas d'hier que M. le comte de Chambord pense ce qu'il écrivait naguère à l'illustre chef du parti légitimiste : « *Je respecte mon pays autant que je l'aime.* »

En 1844, comme aujourd'hui, il s'oubliait pour ne songer qu'à la France, sans jamais témoigner cette vulgaire impatience qui est le propre des aventuriers politiques. Dès cette époque, il comprenait que le représentant d'un principe peut attendre et ne doit pas exposer aux hasards d'une tentative des droits qui, suivant son heureuse expression, appartiennent au pays lui-même.

Un autre fait ressort de cette lettre de M. le comte de
Chambord et des termes dans lesquels il est parlé de
MM. Hyde de Neuville et de Châteaubriand, c'est que, de
tout temps, le prince a compris son époque et choisi ses
amis parmi les hommes dont les lumières et le libéralisme
ne sauraient être contestés.

AL. DE SAINT-CHÉRON.

XXI.

Nous nous empressons d'ouvrir nos colonnes à la lettre suivante, que vient de nous adresser M. le comte de Marcellus. Nous sommes heureux de pouvoir ajouter que les nobles sentiments de conciliation qu'il exprime sont partagés par tous les hommes éminents de son parti, et que nous recevons chaque jour de nouvelles preuves de la sympathie qu'inspire l'œuvre de fusion à laquelle nous nous sommes dévoués.

H. DE ST-ANDRÉ.

A M. le Rédacteur en chef de l'Assemblée nationale.

Monsieur,

Je ne sais si je puis, à mon tour, rompre le silence, et si ce n'est pas de ma part une grande témérité lorsque tant de voix plus éloquentes ont devancé la mienne. Voici mon excuse :

Je suis un légitimiste « né et grandi dans la politique de » sentiment, héritage de famille, *qui ne raisonne pas*, » mais qui sent ses opinions circuler dans ses veines avec » le sang de ses pères. » — C'est ainsi que mon illustre ami, M. de Lamartine, vient de se peindre et de nous définir d'un même coup de pinceau.

Et pourtant, le *raisonnement* ne m'a jamais assez abandonné pour que j'aie consenti à prêter mon concours à la politique *aveugle et fatale* (ce sont ses expressions) du cabinet qui, en 1827, m'avait appelé aux fonctions de sous-secrétaire d'Etat du ministère des affaires étrangères. Un an après, néanmoins, inflexible comme lui dans mes sentiments traditionnels, je leur sacrifiais ma jeunesse, ma carrière diplomatique et la pairie dont la charte de 1830 me reconnaissait successivement l'héritier et le possesseur.

Il n'y a là rien qui vaille la peine d'être remarqué : c'est une conséquence toute simple de mes convictions, de ma nature ; et je serais presque honteux de rappeler ce passé oublié, si je ne voulais en tirer une conclusion pour l'avenir.

Dans ces conditions, avec ces précédents, je suis certes aujourd'hui, s'il en fut jamais, un de ces légitimistes endurcis, travestis journellement en rêveurs de l'ancien régime (qu'ils n'ont connu ni regretté) ; en contempteurs du système constitutionnel (qu'ils ont uniquement étudié, apprécié et servi) ; enfin, en épouvantails des populations qui, les touchant de si près, s'étonnent de ne pas les reconnaître à ces traits dénaturés.

Eh bien ! Monsieur, ce légitimiste têtu et incorrigible, cet ami constant et héréditaire du peuple des campagnes où il est né, dont il parle la langue, dont il partage les goûts et les souffrances ; ce royaliste élevé non loin du berceau de Henri IV, n'a pas assez de vœux dans son âme pour appeler l'union de tous les princes dont le *Béarnais*, notre gloire patriotique, fut l'aïeul.

Oui, je le déclare, j'invoque, comme on invoque le port dans la tempête, la présence de celui qui porte si dignement le lourd fardeau du principe héréditaire, et je ne souhaite pas avec moins d'ardeur le retour des princes qui en sont, après lui, les dépositaires immédiats. Je sais, par instinct de cœur, par habitude de raisonnement comme par expérience, que ces deux branches d'une famille, bienfaitrice de mon pays, fortifiées et se complétant l'une par l'autre, si elles étendent de nouveau leur commune racine dans le sol français, deviendront à jamais le gage de la stabilité.

Je comprends aussi, et j'essaie de faire comprendre autour de moi, que les destinées de la France réclament plus impérieusement encore la conciliation et la concorde entre les partisans du régime représentatif de toutes les époques, tous ceux, en un mot, qui l'ont établi, pratiqué et fait prospérer depuis 1815 jusqu'en 1848 ; j'adjure de travailler à la réédification de la monarchie, sans nulle exception, indistinctement, tous ceux qui, pendant trente-deux ans, ont eu foi en elle ; et je maintiens que de toutes les combinaisons présentées à ce peuple dont nous sommes les conseillers et les auxiliaires naturels, celle-là est pour lui la *spéculation* la plus heureuse et la plus profitable.

Je mettrai donc, pour mon compte, autant de loyauté que de chaleur à cimenter l'alliance qui peut seule, à mon sens, ramener la véritable prospérité du peuple et la dignité du pays.

Or, Monsieur, si de tels sentiments sont gravés dans le cœur d'un légitimiste immuable, qui est resté jusqu'ici ignoré de vous, doutera-t-on de leur sincérité, quand elle éclate chez tant d'autres légitimistes qui vous sont connus, et dont les mérites ont, depuis longtemps déjà, conquis, à si juste titre, la confiance publique?

Recevez, Monsieur, l'assurance de ma haute et sincère considération.

MARCELLUS,

Ancien ministre plénipotentiaire.

XXII.

M. le comte de Chambord disait dernièrement, à propos de la fusion, qu'il voulait avoir pour amis des hommes de valeur et que, par conséquent, il ne pouvait songer à leur demander de renier leur passé.

C'était là répondre à tous les doutes, à toutes les défiances, contre l'alliance durable.

C'était aussi réaliser la pensée que le roi Louis-Philippe exprimait encore six jours avant sa mort au défenseur de la fusion qui écrit ces lignes :

« Puisque vous allez à Wiesbaden, » lui disait l'illustre malade en terminant une conversation où la fusion avait pris une grande place, « LE MEILLEUR CONSEIL QUE VOTRE » PATRIOTISME PUISSE DONNER A M. LE COMTE DE CHAMBORD, » C'EST QU'IL SOIT CHEF DE LA MAISON D'ORLÉANS. »

Et lorsque nous évoquons ce souvenir d'union, nous devons rappeler aussi comment M. le comte de Chambord répondait spontanément à cette dernière pensée du vieux roi, son oncle, dans une lettre devenue un manifeste de conciliation.

« Vous vous en êtes souvenu, écrivait M. le comte de Chambord en parlant du discours prononcé par M. Berryer, c'est bien là cette politique de conciliation, d'union, de fusion, qui est la mienne, et que vous avez si éloquemment exposée ; politique qui met en oubli *toutes les divisions, toutes les opinions passées, et veut pour tout le monde un avenir où tout honnête homme se sente, comme vous l'avez si bien dit, en pleine possession de sa dignité personnelle.*

» Dépositaire du principe fondamental de la monarchie, je sais que cette monarchie ne répondrait pas à tous les besoins de la France, si elle n'était en harmonie avec son état social, ses mœurs, ses intérêts, et *si la France n'en reconnaissait et n'en acceptait avec confiance la nécessité.* Je respecte mon pays autant que je l'aime. J'honore sa civilisation et sa gloire contemporaine autant que les traditions et les souvenirs de son histoire.

» Les maximes qu'il a fortement à cœur et que vous avez rappelées à la tribune, l'égalité devant la loi, la liberté de conscience, *le libre accès pour tous les mérites à tous les emplois, à tous les honneurs, à tous les avantages sociaux*, tous ces grands principes d'une société éclairée et chrétienne me sont chers et sacrés comme à vous, comme à tous les français. Donner à ces principes toutes les garanties qui leur sont nécessaires, par des institutions conformes aux vœux de la nation, et fonder, d'accord avec elle, un gouvernement régulier et stable, en le plaçant sur la base de l'hérédité monarchique et sous la garde des libertés publiques à la fois fortement réglées et loyalement respectées, tel serait l'unique but de mon ambition.

» *J'ose espérer qu'à l'aide de tous les bons citoyens*, DE TOUS LES MEMBRES DE MA FAMILLE, *je ne manquerais ni de courage ni de persévérance pour accomplir cette œuvre de restauration nationale, seul moyen de* rendre à la France ces longues perspectives de l'avenir, sans lesquelles le présent, même tranquille, demeure inquiet et frappé de stérilité. »

Qui donc désormais, à moins de vouloir éterniser nos luttes politiques et rendre impossible le salut de la France ; qui donc voudrait se montrer plus légitimiste que le petit-fils de Louis XIV, plus orléaniste que l'illustre chef de la maison d'Orléans ?

ADRIEN DE LA VALETTE.

(*Assemblée nationale*.)

XXIII.

L'*Assemblée nationale* a eu ces jours derniers l'excellente idée d'appuyer son opinion en faveur des idées de monarchie héréditaire sur les opinions de républicains très connus. Ces témoignages, librement donnés avant que l'ivresse de la Terreur n'eût troublé la raison de ces révolutionnaires de la grande école, sont en effet curieux à reproduire au moment où, par suite de la discussion sur la révision, la question va être de nouveau posée entre la République et la monarchie.

Je ne crains pas d'assurer, moi qui n'ai pas un penchant bien décidé pour les cours, que, le jour où la France « cessera d'avoir un roi, » elle perdra sa liberté, sa liberté et son repos, pour être livrée au despotisme effrayant de factions éternelles.   LA REVEILLIÈRE-LÉPAUX.

La nation a conservé la royauté sans la craindre et l'a épurée sans la haïr... J'appellerais la mort à grand cris sur le premier qui lèverait un bras sacrilége pour l'attaquer, fût-ce mon ami, fût-ce mon propre fils.   DANTON.

Quant au monarque, je n'ai point partagé l'effroi que le titre de roi a inspiré à presque tous les peuples libres ; pourvu que la nation fût mise à sa place, je ne craignais pas la royauté, et même l'*hérédité des fonctions royales dans une famille.*   ROBESPIERRE.

La monarchie très limitée est le gouvernement qui nous convient le mieux... Quant à la personne de Louis XVI... la nature en a fait une excellente pâte d'homme. Tel qu'il est, c'est, à tout prendre, le roi qu'il nous faut. Nous devons bénir le Ciel de nous l'avoir donné, nous devons le prier de nous le conserver.   MARAT.

Il est vrai que les actes furent bien peu en harmonie avec les paroles ! Mais si ces conventionnels eussent pu échapper aux hécatombes dont ils furent les sacrificateurs et les victimes, qui peut dire qu'ils n'eussent tous conclu,

comme un autre membre du comité de salut public , leur
survivant , dont l'autorité ne saurait être contestée :

La révolution de 1789 fut préparée par une foule d'é-
crits purement philosophiques ; les âmes , exaltées par
l'espoir d'un bonheur inconnu, s'élancèrent tout à coup dans
les régions purement imaginaires ; nous crûmes avoir saisi le
manteau de la félicité nationale ; nous crûmes qu'il était
possible d'obtenir *une République sans anarchie*, une
liberté illimitée sans désordre, un système parfait d'égalité
sans faction : L'EXPÉRIENCE NOUS A CRUELLEMENT DÉTROMPÉS.

Le conventionnel CARNOT.

Faut-il désespérer que l'expérience de nos pères nous
profite aujourd'hui ? Faudra-t-il que de nouveaux et plus
effroyables malheurs détrompent aussi tardivement ceux
qui pourront leur survivre ?

A. SALA.

XXIV.

L'opinion publique s'est justement préoccupée de la démarche faite par ces démocrates lyonnais, anciens *voraces,* qui ont voulu se joindre à une députation légitimiste pour connaître M. le comte de Chambord et interroger sa pensée politique. Il y avait dans cette résolution, moins isolée qu'on a voulu le dire, une preuve de bonne foi et de bonnes dispositions qui a vivement frappé les esprits impartiaux; car il est impossible que la vérité, une fois connue, ne dissipe bien des préventions et n'étende ses victoires pacifiques.

Nous apprenons que les voyageurs lyonnais, après avoir rejoint M. le comte de Chambord à Frohsdorff et conféré longuement avec lui, ont écrit de Vienne des lettres où ils expriment les heureuses impressions qu'ils rapportent de leur séjour auprès du prince.

Dans ces entrevues pleines d'une respectueuse familiarité, les anciens démocrates ont naturellement porté l'entretien sur les questions qui intéressent le plus le sort des classes ouvrières, et ils n'ont pas été peu étonnés de trouver le prince si profondément instruit de tous les problèmes qui préoccupent le plus les ateliers.

Esprit à la fois laborieux et facile, initié aux plus fortes études, le comte de Chambord était heureux lui-même d'aborder les sujets favoris de ses méditations; car il n'est pas de ceux qui voient seulement dans les révolutions les désordres qu'elles traînent à leur suite; son éducation chrétienne lui a trop bien appris que la Providence ne permet point en vain de telles commotions et qu'elles ne doivent pas ébranler un pays sans laisser de grands enseignements.

La révolution de février a posé une énigme toujours menaçante, la reconstitution des classes populaires, et cette énigme, il faut la résoudre ou se résigner à être dévoré par le sphynx. Dans une telle conviction, le royal exilé ne cherchera jamais à éluder une explication avec les hommes qui ont pu être ou qui seraient encore les adversaires de son principe, mais qui se montrent sincères à vouloir l'amélioration morale et matérielle de l'ouvrier ; encore moins pouvait-il craindre d'écouter ces anciens *voraces* qui lui représentaient personnellement tant de souffrances et tant de vœux de repos.

Les ouvriers lyonnais ont donc été reçus et entendus comme nous n'en avions pas douté, et ils reviennent, comme il était facile aussi de le pressentir, pénétrés de l'accueil et des hautes qualités du prince. Leurs lettres que l'on a bien voulu nous communiquer aujourd'hui même, respirent la joie et le bonheur d'avoir enfin trouvé un terme à leurs incertitudes. Au surplus, ils parleront bientôt eux-mêmes et publieront, s'ils le jugent convenable, un récit de leurs impressions.

A l'heure qu'il est, ils doivent être enfin de retour au milieu de leurs compatriotes. C'est là qu'ils pourront confirmer de vive voix ou par écrit ce que nous venons de dire sur le témoignage de leurs amis, et sur la lecture d'une lettre que nous regrettons de n'être pas autorisés à reproduire ; mais écrite seulement pour un cercle d'amis, elle n'en a produit que plus vivement sur nous l'impression qui naît d'une expansion intime.

E. Roux.
(Gazette du Midi.)

Voici la lettre adressée de Vienne (Autriche) à deux personnes de Marseille, par les ouvriers socialistes de Lyon qui ont fait le voyage d'Allemagne pour aller voir de près M. LE COMTE DE CHAMBORD :

« Nous avons touché heureusement à notre but. Monseigneur le comte de Chambord nous a fait une réception généreuse et bienveillante. Dans la conversation que nous avons eue avec lui et son auguste famille, nous nous sommes principalement étendus sur la cause et les intérêts de la classe travailleuse.

» Comme vous, Messieurs, nous avions les mêmes idées, et, cependant, nous vous le disons avec vérité, nous sommes forcés de nous ranger sous le drapeau de la légitimité par l'éclat des vertus de celui que nous appelons de tout notre cœur, pour ramener à notre chère

» patrie tout le bonheur et la félicité dont nous sommes
» privés depuis si longtemps. Nous avons compté sur l'in-
» térêt que vous portez à notre chère France et que vous
» fusionnerez avec ceux qui ne désirent et ne souhaitent
» que la paix et la félicité de notre beau pays.

» Nous nous reposons sur votre esprit et vos bonnes
» intentions pour faire part à vos amis, qui sont les
» nôtres, de ce que nous avons l'honneur de soumettre à
» vos idées nationales. — Nous vous serrons les mains
» avec amitié.

» *La députation lyonnaise,*
» ROCHAUD, DURET, ROUSSET, VIAL fils et RÉMY. »

(Gazette du Bas-Languedoc.)
LÉON BLANCHARD.

XXV.

LA POLITIQUE ANGLAISE EN EUROPE.

La France actuelle a deux adversaires, le machiavélisme et le despotisme, et elle est destinée à les conserver, quand bien même elle en reviendrait à la monarchie. Seulement, avec la monarchie, et surtout avec la monarchie vraie, elle serait en état de combattre ses deux ennemis; autrement elle est sans force et elle déchoit. Le machiavélisme siège à Londres, le despotisme va tenir congrès à Olmutz. Il y a aujourd'hui deux Angleterres, nous le reconnaissons : une Angleterre qui se décompose et qui cherche, dans le pressentiment de sa désorganisation, à se rattacher au continent; une Angleterre fortement constituée sur les traditions d'une politique infâme mais grandiose comme celle des Romains, et à laquelle il faut, pour se maintenir et s'étendre, la ruine des autres peuples. C'est en vain qu'à l'apparition successive de quelques heureux symptômes, nous nous hâtons de saluer la décadence de cette politique qui tient dans ses serres le malheur du monde; il en est de sa vitalité comme de celle des plantes qui tracent sous le sol et qui repoussent sans cesse, quelque soin qu'on prenne pour les extirper. Que lord Palmerston soit heureux, c'est tout ce que la conscience de la vieille Angleterre lui demande. Il avait rencontré des obstacles depuis quelque temps; le succès de l'expédition de Rome et la versatilité fanfaronne du roi de Prusse semblaient conduire au blocus moral du continent; la péninsule hispanique, sous la main violente mais vigoureuse du général Narvaez, réduisait à l'impuissance les progressistes qui, la plupart, ne sont que les routiers de la politique anglaise. Accablé en apparence sous cet insuccès prolongé, lord Palmerston restait cloué à son banc dans la chambre des communes, et lord John Russell payait en humiliations journalières les pots cassés de son collègue.

Mais voici tout à coup une batterie qui se démasque : grâce à l'intrigue de palais qui a fait du général Narvaez

un habitant de Paris, le cordon sanitaire qui éloignait de
la péninsule les provenances de Saint-James est rompu ; le
Portugal, le premier, ce vieux plastron de l'Angleterre,
voit succomber sous une émeute d'indignes soldats le seul
gouvernement qui, depuis 15 ans, y ait montré, tant bien
que mal, le sentiment de l'indépendance nationale ; le Pié-
mont, de plus en plus mal inspiré, livre, par un acte
solennel, sous prétexte de progrès dans la liberté, son
commerce et son industrie aux conquérants spéculateurs.
Rome, assez bien contenue jusqu'ici par la présence de
nos troupes, malgré l'action incessante d'une propagande
dont lord Palmerston est l'armateur et Mazzini le subrécar-
gue, Rome aiguise dans l'ombre ses lâches couteaux ; il
suffit de ces succès accomplis ou ébauchés pour rendre son
prestige à la politique du moderne Machiavel. La vieille
Angleterre reprend courage : pour paraître décemment aux
yeux du monde, elle a les dehors de l'exposition universelle ;
et cependant elle s'excite elle-même au mal avec un redou-
blement de perversité. Lord John Russell, qui, dans la
question de la persécution des catholiques, semblait abandonné et presque repentant, reparaît, plus Russell que
jamais, avec un bill renforcé de tyrannie que les tories se
sont offerts à soutenir. Où en sont les loyales et dignes protestations des Gladstone et des Aberdeen ? M. Guizot qui,
dans son dernier discours à la société biblique de Paris,
consacrait à la défense de la cause des catholiques anglais
une voix jusqu'ici influente et respectée au delà du détroit,
en sera, je le crains bien, pour ses frais de nobles sentiments et de bons conseils.

Au fond, l'Angleterre est moins divisée que je ne le disais tout à l'heure ; elle ressemble à ces bandits de l'Apen-
nin, qui, en pleine santé, commettent tous les crimes,
mais qui ressentent une si grande dévotion à l'approche de
la mort. L'Angleterre n'a envie de devenir humaine que
quand elle doute de sa propre puissance ; mais que l'autel
de la victoire un moment ébranlé se relève, elle ira aussitôt
tout entière, *pusilli cum majoribus*, rendre grâce aux
dieux sur le cadavre du genre humain.

Le machiavélisme britannique trouvait son compte dans
la monarchie de 1830. On se rappelle que l'Angleterre s'é-
tait hâtée de la reconnaître : cela avait bon air aux yeux
des libéraux du continent, et cela vengeait en même temps

des derniers succès de la restauration et de la conquête d'Alger. Cependant l'Angleterre qui avait compté sur la souple amitié de Louis-Philippe, se vit déçue dans le gros de ses espérances. D'abord on ne rendit pas l'Algérie, et le maréchal Bugeaud finit par la river à la France ; puis, on vit peu à peu, surtout dans les derniers temps, le gouvernement français, à travers les traditions généreuses des Chateaubriand et des La Ferronays, remonter presque à la formidable paix armée de Louis XVI. L'ingrat monarque de 1830 aurait passé de Louis XVI au duc de Choiseul, et qui sait ? du duc de Choiseul à Louis XIV. Après Taïti, les mariages espagnols montraient une résolution sérieuse d'affranchissement. C'est alors que, par un phénomène dont notre histoire a déjà offert plus d'un exemple, on vit chez nous l'opposition en masse seconder par des déclamations furieuses les intérêts de l'Angleterre. Il faut convenir que jamais révolution n'est venue plus à point que celle de février pour venger l'orgueil britannique, une seconde, ou, si l'on veut, une troisième fois.

Nous n'en sommes pas quittes, et les malheurs de notre République n'ont assouvi qu'imparfaitement l'ombrageuse rivalité de nos voisins.

Que serait-ce si, au lieu d'un gouvernement à rebours comme celui que nous avons, ou à la place d'un roi, précaire au dedans et lié au dehors par une apparence de services rendus, l'Angleterre voyait remonter sur le trône un prince qui donnerait au continent des gages sérieux et durables pour la cause de l'ordre, et qui trouverait infailliblement, parmi les autres souverains, des alliés contre la prépondérance exclusive de l'empire insulaire ?

L'Angleterre sait parfaitement les ressources immenses qui restent à notre pays, malgré la réduction de son territoire et la perte de ses colonies ; elle a sous les yeux le spectacle de l'énergie toujours croissante de notre industrie ; elle apprécie l'influence illimitée de nos idées ; elle a trop de perspicacité et d'expérience pour ne pas comprendre que, sous un gouvernement qui aurait pour base les antiques traditions nationales, tous ces éléments de prospérité intérieure et de domination intellectuelle au dehors, loin de rencontrer des obstacles, se développeraient au contraire dans une progression indéfinie. C'est bon pour nous, de tourner le dos à la lumière qui devrait nous éclairer : il appar-

tient à notre monstrueuse légèreté de commettre et de re-
commettre sans cesse des fautes de cette nature ; mais Al-
bion en sait plus long sur nous que nous-mêmes, et le rétablissement de la vraie monarchie en France produirait au-
delà du détroit une impression presque universelle de découragement et d'inquiétude.

La restauration était revenue dans les fourgons des alliés,
c'était du moins ce que répétait à satiété le préjugé populaire, incapable de faire remonter à qui de droit la responsabilité des malheurs de l'invasion. Il n'en est pas moins
vrai que Louis XVIII, à peine installé dans le palais de ses
pères, était déjà, avec une plus juste mesure que la République et que l'Empire, le véritable adversaire du despotisme européen. Il en serait de même, si la crise prochaine
se dénouait dans le sens de nos espérances ; et mieux que
n'a pu le faire la monarchie de 1830, à cause de la fausseté de sa position, la vieille monarchie serait en mesure
d'accomplir la mission providentielle de la France, c'est-
à-dire d'achever l'expédition de Rome, en assurant la liberté du Saint Siége contre la protection intéressée des des-
potes ; c'est-à-dire d'empêcher que le monde ne devienne
un fief maritime de l'Angleterre, ou une province conti-
nentale de la Russie ; c'est-à-dire de supporter l'unité de
l'Allemagne, sans lui laisser le droit de briser les autres
peuples sous prétexte d'étendre *sa nationalité;* c'est-à-dire
de sauver les deux péninsules des *carbonari* et des *pro-
nunciamentos,* sans pour cela que la population, réduite à
un état d'ilotisme, ne connaisse de la civilisation que ses
vices et de l'esprit national que sa puérile vanité ; c'est-à-
dire d'affranchir les chrétiens d'Orient et de délivrer une
fois de plus les saints lieux. En un mot, rien de tout cela
ne serait chimérique, si le torrent révolutionnaire était
rentré dans son lit, et si, sous l'égide d'un principe tutélaire,
il ne restait de tant d'agitations à la France, que l'activité
merveilleuse qui fermente dans son sein, et qui portera ses
fruits quand elle aura accepté de nouveau le joug salutaire
de l'autorité.

Ch. Lenormant.

(Correspondant. — Livraison du 25 mai.)

XXVI.

La *Gazette de Lyon*, dans son n° du 28 mai, publie un
récit très intéressant du voyage de cinq ouvriers lyonnais
à Frohsdorff. Voici ce récit fait par l'un des voyageurs :

Quelque divisées que soient les opinions, chacun dans
notre ville, comme dans toute la France, s'occupe de M.
le comte de Chambord. Des ouvriers ont pensé qu'il leur
convenait de vérifier par eux-mêmes l'exactitude des récits
que l'on fait sur ce prince, et d'entendre de sa bouche l'expression de ses sentiments. Un voyage a donc été arrêté,
et nous avons eu le bonheur de le faire.

La pensée de ce voyage n'est pas uniquement venue
à ceux qui attendent seulement de M. le comte de Chambord le salut de la patrie, les républicains eux-mêmes
ont cédé à l'entraînement général. Qui pourrait leur en
faire un reproche? Eprouver le désir de voir et d'entendre,
ce n'est pas se soumettre. Celui qui part républicain s'expose à revenir royaliste, mais au moins il agit en connaissance de cause.

Désigné par mes compagnons de voyage pour rendre
compte de nos impressions communes, je suis heureux de
revenir en détail sur des souvenirs qui resteront toujours
gravés dans ma mémoire.

Nous sommes partis de Lyon le lundi 29 avril, et arrivés
à Marseille le lendemain; après avoir mis notre voyage
sous la protection de Notre-Dame-de-la-Garde, nous nous
sommes embarqués pour Gênes; de là, nous sommes allés
à Milan, puis à Venise. Inutile de vous parler des difficultés
de tout genre que nous avons éprouvées; elles s'expliquent
du reste par notre manque d'habitude et par l'ignorance
où nous étions de la langue des pays qu'il a fallu traverser.

Le 7 au soir, nous arrivions à Venise. M. le comte de
Chambord était parti le matin, après nous avoir attendu
quelques jours, car il savait notre voyage; par malheur,
les embarras de la route nous avaient encore empêchés

d'arriver à temps. Nous fûmes reçus par M. le comte de Monty, qui se montra plein d'égards et de bonté.

A Venise, nous avons été présentés à Madame la duchesse de Berry ; son accueil fut rempli de bienveillance ; ses paroles empreintes d'une ineffable bonté, l'intérêt qu'elle témoigne pour les ouvriers, le désir ardent qu'elle exprime de voir cesser bientôt leurs misères et leurs souffrances, son geste, sa voix, tout révèle une affection profonde pour cette France où elle a tant souffert et qu'elle n'a jamais cessé de regarder comme sa patrie.

Le 9 au soir, nous partîmes pour Trieste ; munis de nos passe-ports et accompagnés d'un interprète, le 12, nous arrivâmes à Neustadt.

Le même jour, l'un de nous se rendit à Frohsdorff ; le prince fut prévenu de notre arrivée, et le moment de la réception fut fixé au lendemain.

A onze heures nous étions tous à Frohsdorff.

Certains journaux ont prétendu qu'il était difficile d'aborder le prince, que cela ne pouvait se faire sans avoir obtenu l'assentiment des personnes qui l'entourent : rien n'est plus faux, notre présentation n'a souffert aucun retard ; chacun est venu au-devant de notre juste impatience, et ceux qui ont demandé des audiences particulières, les ont obtenues sur-le-champ.

Au moment où s'ouvrit la porte de l'appartement du prince, je sentis mon cœur battre vivement.... Nous étions enfin en présence de celui que nous venions voir de si loin.... L'un de nous avait été chargé de porter la parole ; mais en voyant cette belle et noble figure, sous la puissance de ce regard si plein de grandeur et de majesté, il demeura quelques instants muet.... Enfin, encouragé par un sourire plein de grâce et de bienveillance, il surmonta son émotion, et les yeux pleins de larmes, il dit au prince : Sire, je voudrais bien vous embrasser.... Pourquoi pas, répondit M. le comte de Chambord ; et s'avançant lui-même, il le prit dans ses bras et le serra contre sa poitrine... Les ouvriers légitimistes s'approchèrent à leur tour ; ils eurent aussi le bonheur de sentir battre le cœur du noble descendant de nos rois. Les ouvriers républicains qui partageaient l'émotion générale jugèrent qu'il ne leur convenait pas de suivre cet exemple ; mais ils pressèrent avec effusion la main du prince.

Alors a commencé un entretien dont aucun de nous ne perdra le souvenir ; au bout de quelques instants chacun se sentait à l'aise : M. le comte de Chambord allait au-devant de nos pensées, il nous questionnait avec bonté sur la ville de Lyon, sur l'état de la fabrique, sur les souffrances de la classe pauvre : tour à tour, nous avons pu lui faire part de nos remarques, de nos vues, de nos projets ; il écoutait avec une intention marquée et le calme d'un homme qui a ses idées fixées par de longues études : il sait ce qui se passe en France.

Quant aux questions de politique générale, ses paroles ont été la reproduction de sa lettre admirable à M. Berryer ; nous avons retrouvé dans sa bouche ce beau langage si plein de grandeur et de franchise ; il eut fallu que la France entière pût comme nous le voir et l'entendre.

Accorder des libertés larges, mais fortement réglées ; respecter et consacrer tous les droits, rendre la France heureuse au-dedans et la faire respecter au dehors, telle est la politique du prince ; enfin, a-t-il ajouté, si je suis appelé à régner sur la France, je veux gouverner et non pas être gouverné.

Sire, lui dit alors l'un de nous, il vous faudra une grande énergie. — Je le sais, mais je veux y joindre la tendresse d'un père.

Un autre lui témoignant les craintes qu'inspirait à certaines personnes ce que l'on appelle son entourage. — Soyez tranquille, lui répondit le comte de Chambord, le vrai mérite aura seul accès près de moi.

Un troisième s'approcha de lui et lui peignit en termes très énergiques les souffrances de la classe ouvrière dans notre ville. Jusqu'à présent, lui disait-il, on n'a rien fait pour elle ; il est temps enfin de s'en occuper ; il faut faire la part à tous. Touché de cette franchise, le prince lui tendit la main, en lui disant : Oui, mon ami, vous avez raison, il faut la part à tous, et je la ferai.

Vous comprenez, M. le rédacteur, qu'il est impossible de vous raconter tout ce qui s'est passé dans cette entrevue ; nos cœurs sont pleins de souvenirs ; mais les expressions nous manquent pour les rendre. Enfin, nous prîmes congé remplis d'admiration et de respect, bien convaincus que seul M. le comte de Chambord peut apporter un remède efficace aux maux de la patrie.

Le lendemain eut lieu notre présentation à Madame la comtesse de Chambord et à Mme la duchesse d'Angoulême. Toutes deux furent pour nous pleines d'attention et de bienveillance. Mme la comtesse de Chambord est extrêmement affable et généreuse ; elle parle la langue française avec une grande facilité. La franchise un peu brusque de nos expressions et de nos attitudes semblaient la satisfaire beaucoup ; enfin, le premier moment passé, nous étions, comme la veille, avec M. le comte de Chambord, parfaitement à l'aise.

Le même jour un des ouvriers républicains demanda une audience particulière, elle lui fut immédiatement accordée. Il s'entretint longtemps en tête à tête avec le prince : il lui parla de l'état des ouvriers, des causes de leur irritation, de leurs misères, de leurs besoins, des réformes que réclame leur condition, des améliorations à introduire. M. le comte de Chambord l'écouta avec la plus grande attention ; puis prenant à son tour la parole, il lui fit part de ses vues, de ses projets, de ses espérances, et cet homme qui était entré prévenu et presque hostile, sortit pénétré d'admiration et plein de confiance et de respect.

Avant de partir, on nous admit à faire nos adieux : le prince nous avait à tous serré la main, lorsqu'un des ouvriers républicains se ravisant lui dit : Mon prince, encore un mot, s'il vous plait : aussitôt M. le comte de Chambord le prenant par le bras le conduisit dans l'embrasure d'une fenêtre où ils causèrent quelques instants. Madame la comtesse les suivit du regard, et ce regard était si plein d'une ineffable tendresse que je m'approchai d'elle et lui dis :

Oh ! Madame, vous devez bien aimer notre bon prince. Peut-on, me répondit-elle, le voir sans l'aimer. Au moment de partir et en me pressant encore la main qu'il me tendait, je m'écriais en regardant M. le comte de Chambord, dont le front m'apparaissait comme entouré d'un rayonnement : «Sire, nous quittons le soleil de la France ! » Il ne me répondit que par un sourire ; mais il y avait dans ses yeux et sur ses lèvres tant de bonté, de franchise, de bonne humeur et de noblesse, que cette royale figure est constamment devant mes yeux.

Il fallait enfin quitter ce château où nous avions éprouvé tant de joie et de bonheur ; Mme la duchesse d'Angoulême nous fit appeler ; elle aussi voulait recevoir nos adieux. J'ai oublié de vous dire que nous avions apporté à M. le comte de Chambord, à Mme la duchesse de Berry et à Mme la duchesse d'Angoulême, des étoffes fabriquées par M. Maugis, chef d'atelier à Lyon ; ce sont des tableaux tissés en velours coupé et frisé, réprésentant la sainte Vierge et son divin Fils. M. le comte de Chambord avait apprécié ce chef-d'œuvre de fabrique de M. Maugis en véritable connaisseur. Mme la duchesse d'Angoulême, par une attention délicate, l'avait immédiatement fait encadrer ; elle nous le montra et nous témoigna son admiration pour ce beau travail ; puis elle nous confia pour M. Maugis, une riche épingle que nous lui avons remise en arrivant.

Nous fîmes nos adieux à Mme la duchesse, et comme l'un de nous lui exprimait son espoir de la retrouver bientôt en France : « Si je revois la France, nous dit-elle ; hélas ! ce sera pour bien peu de temps. Adieu, mes amis ; pensez à mon neveu ; il est digne de son pays. »

M. le comte et Mme la comtesse de Chambord sont adorés de ceux qui les entourent. « Ils sont si bons ! nous disait un domestique ; si l'un de nous est malade, monseigneur ou madame la comtesse viennent eux-mêmes le voir et lui apporter des remèdes et des consolations. Il suffit de les approcher pour les aimer. »

Notre mission était terminée ; nous partîmes les yeux gros de larmes, mais le cœur plein d'espérance : notre voyage nous offrait désormais bien peu de séduction ; nous avions hâte de revoir la patrie et d'y rapporter nos souvenirs pour les confier à nos amis.

Hélas ! nous avons retrouvé la France comme nous l'avions laissée, divisée et souffrante. Nous ne savons si bientôt elle voudra revenir à ses anciennes habitudes, à ses véritables institutions ; mais ce que nous savons bien : c'est que le descendant de nos rois est digne de ses aïeux, c'est qu'il comprend les besoins et les tendances de son époque, c'est que, si jamais il monte sur le trône, il consacrera sa vie au bonheur et à la gloire de ses sujets.

DURET, tisseur.

XXVII.

Voici de belles réflexions d'Edmond Burke sur la nécessité de maintenir le principe d'hérédité dans les sociétés libres :

« Le peuple anglais sait très bien que l'idée d'héritage emporte avec soi un principe sûr de conservation et un principe sûr de transmission, sans exclure cependant le principe d'amélioration. Il laisse la liberté d'acquérir, mais il assure ce qui est acquis.

» Tous les avantages que procure à un Etat une conduite dirigée par de telles maximes, sont fortement garantis comme le serait un arrangement de famille, une substitution perpétuelle. C'est par la vertu d'une espèce d'amortissement qu'ils sont ainsi fixés à jamais. Par cette politique constitutionnelle qui agit d'après les règles de la nature, nous recevons, nous possédons, nous transmettons notre gouvernement et nos libertés de la même manière dont nous recevons, possédons et transmettons nos propriétés et la vie. Les institutions de la politique, les biens de la fortune, les dons de la Providence nous sont transmis et sont transmis par nous de la même manière et dans le même ordre.

» Notre système politique est dans une symétrie et dans un accord parfait avec l'ordre du monde, et a sa manière d'exister qui convient à un corps permanent composé de parties passagères, d'un corps où, par la disposition d'une sagesse merveilleuse qui établit cette grande et mystérieuse incorporation de la race humaine, le tout à la fois n'est jamais vieux, ni entre deux âges, ni jeune, mais dans la situation d'une constance immuable, et se perpétue dans le même état, au milieu du dépérissement continuel, des chutes, des renouvellements et du mouvement progressif.

» Ainsi, en imitant la marche de la nature dans la conduite de l'Etat, nous ne sommes jamais totalement neufs dans ce que nous acquérons, jamais incapables de nous servir de ce que nous conservons. En adhérant ainsi aux manières d'agir et aux principes de nos ancêtres, nous ne sommes pas guidés par la superstition des antiquaires, mais par l'esprit d'une analogie philosophique. En acceptant ce principe d'héritage, nous avons donné à notre gouvernement une ressemblance avec les rapports de famille ; nous avons étroitement uni la constitution de notre pays à nos liens domestiques les plus chers. Dans le sein de notre famille, nous avons adopté nos lois fondamentales, nous avons rendu inséparables et nous chérissons avec toute la chaleur que réfléchissent et que procurent mutuellement tant d'objets d'amour réunis et combinés, notre gouvernement, nos foyers, nos tombeaux et nos autels.

» D'après ce plan, qui consiste à conformer nos institutions artificielles à la nature, et à appeler à notre secours son instinct puissant et immuable pour fortifier les entreprises faibles et faillibles de notre raison, et en considérant nos libertés sous le rapport de leur caractère héréditaire, nous avons trouvé plusieurs autres avantages et des plus importants.

» En nous conduisant toujours comme si nous étions en la présence d'ancêtres reconnus pour très vertueux, l'esprit de liberté, qui de lui-même tend aux excès et à s'écarter de la règle, est tempéré par une gravité respectueuse.

» Cette idée d'une transmission glorieuse nous inspire le sentiment d'une dignité originelle et habituelle qui garantit de cette basse arrogance si commune aux nouveaux parvenus et qui les rend si désagréables. Par ce moyen, notre liberté devient une liberté noble ; elle porte avec elle un caractère majestueux et imposant ; elle a sa généalogie et ses ancêtres illustres ; elle a ses armoiries ; elle a sa galerie de portraits, ses inscriptions monumentales, ses archives, ses preuves et ses titres.

» Nous procurons à nos institutions civiles le même respect que la nature nous inspire pour les individus, à raison de leur âge et des ancêtres qui leur ont donné le jour. Tous vos sophistes ne peuvent rien produire qui soit mieux adapté à la conservation d'une liberté raisonnable et généreuse, que la route que nous avons suivie, en préférant la nature à nos spéculations, nos âmes à nos inventions, pour être les grands dépositaires et les sauvegardes de nos droits et de nos garanties. »

BURKE.

XXVIII.

Nous lisons dans le *Moniteur du Loiret*, du 3 juin :

• Une lettre qu'un de nos concitoyens, M. Carlos de Bouville, adresse au *Courrier de la Gironde*, révèle clairement l'opinion du regrettable maréchal Bugeaud, et met à même de reconnaître que la pensée de fusion remonte aux événements de 1848 et aux tristes jours qui ont suivi la dernière révolution.

• Sans doute alors elle n'était qu'un germe dans la pensée de quelques intelligences d'élite; mais si depuis elle a tellement gagné du terrain, si les politiques les plus expérimentés et les serviteurs les plus fidèles de la monarchie de juillet s'y sont ralliés, si chaque jour elle étend son cercle, c'est qu'elle est la vérité, la vérité à qui seule il est donné de surmonter ainsi les oppositions et les obstacles et de faire un chemin rapide à travers les préventions et les passions humaines.

LÉON LAVEDAN. •

Bouville, près Pithiviers (Loiret), 26 mai.

Monsieur,

Sur la grande question de la fusion, la plus décisive de toutes celles qui agitent aujourd'hui les esprits, je pense que vous ne dédaignerez pas l'opinion du maréchal Bugeaud dont le souvenir vous est cher à plus d'un titre, comme à tous ceux qui ont été attachés sincèrement à la cause orléaniste; et sans circonlocution, je vous demande la permission de vous en faire l'exposition.

Pendant toute la durée de l'année 1848, celui qui vous parle a eu l'honneur d'être en correspondance avec M. le maréchal duc d'Isly sur les chances, assez probables alors, de son avénement au pouvoir suprême, soit par la pente naturelle de toutes les démocraties qui n'ont pas d'autre héritier légitime que le sabre, soit à l'occasion de l'élection présidentielle.

A la suite de cette longue correspondance dans laquelle

8

M. le duc d'Isly m'honora de sa confiance et de son ami
tié, quoique nous ne nous fussions jamais vus, je me rendis
à Paris en décembre 1848, où le maréchal venait d'arriver ;
et auprès de son lit de souffrance, puisqu'il apportait de
la Durantie une fièvre acharnée après lui depuis six mois ;
après quelques conversations sur la circonstance, je lui
soumis la conclusion suivante :

« Jusqu'ici, M. le maréchal, nous n'avons encore envisagé que les moyens d'arracher la France aux révolutionnaires, mais l'avenir et le définitif sont restés inabordés.
Une solution a déjà été lancée dans le monde par M. Berryer. Je ne sais si je m'abuse, mais il me semble qu'elle
gagne du terrain, assez rapidement pour que nous autres
orléanistes nous devions en tenir grand compte. M. le
comte de Chambord n'a pas de postérité. Il y a là une
grande chance de légitimité au profit du comte de Paris,
quand l'heure aura sonné pour lui. Mais pour tous les
membres de sa famille, que la couronne soit posée sur
l'une ou sur l'autre de ces deux têtes, ils ne seront jamais
que des collatéraux. Leur intérêt doit leur faire préférer
la perspective d'un trône légitime. Un rapprochement des
deux familles, ainsi que des deux partis affaiblis par leurs
divisions, doit donc entrer dans leurs convenances. »

Le maréchal resta silencieux, sans doute à cause de
l'inattendu d'une pareille proposition adressée à lui et adressée par moi.

Après avoir respecté ce silence pendant quelque temps,
je repris ainsi : « Eh bien ! monsieur le maréchal, dans
le cas de *telle éventualité*, cette solution dont vous seriez
l'arbitre *vous irait elle ?* »

Alors le maréchal, faisant un certain effort, répondit :
« Je sais que cette idée fait son chemin et qu'elle fera encore des progrès ; et *il faut bien qu'elle m'aille,* car nous
payons assez cher aujourd'hui la faute commise en 1830
contre le principe fondamental de la monarchie ; et quiconque ne comprend pas les enseignements que four-
nissent les révolutions, ne comprendra jamais *le gouvernement.* »

Quelques jours après, le maréchal avait quitté Paris
pour s'installer à Lyon à la tête de l'armée des Alpes. Des
doutes vinrent s'emparer de mon esprit au sujet de cette
solution. Je lui en exposai les difficultés.

Le maréchal resta quelque temps sans répondre à cette lettre. Enfin il répondit : « J'ai pris en considération vos raisons et vos doutes. Je suis convaincu que dans le cas de telle éventualité posée entre nous, il y aura de grandes difficultés, parce que la politique n'en est jamais exempte. Mais le sort des nations n'est plus aujourd'hui dans la dépendance absolue des familles royales, comme autrefois ; leurs intérêts pèsent dans la balance. Chaque époque a ses difficultés. La plus grave est celle du moment. Aujourd'hui il s'agit du salut de la France. De tout ce que vous m'objectez, rien ne m'effraie pour l'avenir, et *ne me fera pas reculer.* »

Je crus devoir insister encore. Je reçus bientôt la dernière réponse du maréchal. Elle était courte, et pouvait se résumer par ce mot : JE PERSISTE. Quelques jours après il était mort ! ! !

Vous voyez, Monsieur, dans quel camp serait aujourd'hui le maréchal Bugeaud au sujet de la fusion, si Dieu n'avait pas disposé de lui.

Je suppose qu'il n'éprouverait pas le regret de voir votre journal, qu'il tenait en très haute estime, allié dans cette lutte avec la coterie des banquets réformistes.

Non, Monsieur, vous ne voudriez pas vous ranger parmi les adversaires du maréchal Bugeaud, avec ceux qui ont brisé son épée au moment où il allait sauver la monarchie le vingt-quatre février au matin, qui ont fait chasser cette monarchie de leur choix, et la feraient encore chasser vingt fois.

Agréez, etc.

CARLOS DE BOUVILLE.

Tous ceux qui ont approché le regrettable maréchal Bugeaud, depuis février 1848 jusqu'à sa mort, savent que son opinion était bien telle que l'expose M. de Bouville. Il est à notre connaissance personnelle qu'il s'en est expliqué souvent beaucoup plus catégoriquement encore qu'il ne semble l'avoir fait avec l'honorable auteur de la lettre que nous venons de citer.

Vers la fin d'octobre 1848, alors qu'il était question de la candidature du maréchal duc d'Isly pour la présidence de la République, plusieurs hommes politiques se rendi-

rent à la Durantie pour en conférer avec lui. A cette occasion, l'honorable général leur parla beaucoup de la monarchie héréditaire et de celui qui en est le représentant
légitime. Là était à ses yeux notre seule planche de salut.
C'était de ce côté que la France devait tourner ses regards
et concentrer ses efforts. « Quant à moi, ajoutait-il, ce
serait le plus grand service que je croirais pouvoir rendre
à mon pays avant de mourir. » Dès les premiers jours de
novembre, cette conversation nous était racontée à Paris
par un de ceux qui l'avaient entendue. Nous désirâmes
nous faire redire cette opinion du maréchal par un autre
de ses honorables interlocuteurs qui était alors et qui est
encore aujourd'hui très hostile à la fusion. — « Que vous
a dit le maréchal ?— Il m'a dit des choses qui me feraient
perdre de mon affection pour lui, si je ne l'aimais pas
tant. » Puis il nous rapporta, exactement dans les mêmes
termes, l'opinion de M. le général Bugeaud.

Avec cette sûreté de coup d'œil qui le distinguait, le
maréchal duc d'Isly, dès le lendemain de la révolution de
1848, allait ainsi droit à l'avenir et devançait la fusion.

L'Abeille de la Vienne du 9 juin 1851.

XXIX.

AVENIR DE BONAPARTE ET DES BOURBONS PRÉDIT PAR M. DE MAISTRE.

Au milieu des obscurités, des doutes et des inquiétudes qui nous enveloppent et nous cachent l'avenir, les deux volumes inédits de M. de Maistre nous apparaissent comme la nuée lumineuse qui dirigeait les Juifs vers la patrie. Ce profond penseur, qui connaissait si bien le catholicisme, la révolution et la France, semble avoir écrit pour nos générations nouvelles les lettres et opuscules qui viennent d'être publiés. Le succès rapide qu'ils obtiennent prouve combien les intelligences contemporaines sont avides de lire dans ces pages posthumes le secret de nos fautes, de nos malheurs et de notre destinée. Le premier volume des lettres et opuscules contient une notice biographique, 137 lettres, 22 lettres de divers personnages à M. de Maistre, parmi lesquels douze lettres de M. de Bonald, trois de M. l'abbé de Lamennais, une de M. de Lamartine.

Le second volume est composé de divers opuscules sur des questions religieuses et politiques.

Ce recueil, mis en ordre par les soins du fils de M. de Maistre et de M. Louis Veuillot, est tout à la fois un événement politique et littéraire. L'illustre écrivain, qui avoit profondément étudié la révolution dans ses causes et ses principes, en a prédit toutes les phases, et vous lirez des pages qui, écrites de 1794 à 1820, semblent avoir été inspirées par la vue sensible de notre situation actuelle. Les éminentes qualités du théologien toujours inspiré par la vérité catholique, du philosophe qui a sondé tous les mystères de l'intelligence humaine, de l'homme d'Etat qui a connu le secret de la vie et de la mort des empires, ces éminentes qualités se trouvent, avec un éclat rajeuni, dans ces épanchements intimes qui font admirer l'homme de génie, qui font aimer l'homme de cœur, le fils respectueux et dévoué, l'époux aimable et tendre, le père affectueux, l'ami fidèle. Depuis bien longtemps, je n'avais pas fait de lecture plus attachante, je dirai même plus enivrante pour l'esprit et l'âme.

Les *considérations sur la France* ont étonné l'Europe par la justesse du coup d'œil porté sur les événements présents et futurs de nos pays. On retrouve dans les lettres les mêmes facultés prophétiques. Il m'a paru intéressant et très instructif de réunir les pensées inédites de M. de Maistre sur la mission de Bonaparte, son avenir, celui de sa race et de la maison de Bourbon.

« Juillet 1802.

» La maison de Bourbon est-elle arrivée au point de répéter la chute inévitable des Carlovingiens? Les partisans du *nouvel homme* le disent en France ; mais j'ai de très bonnes raisons de croire le contraire, et je me complais à le penser ; car c'est la maison à laquelle je suis le plus attaché après celle à laquelle je dois tout (*la maison de Savoie*). Les Bourbons français ne sont certainement inférieurs à aucune race régnante ; ils ont beaucoup d'esprit et de bonté. Ils ont de plus cette espèce de *considération* qui naît de la grandeur antique, et, enfin, l'utile instruction que donne nécessairement le malheur...

» Mais il y a deux choses qu'une puissance légitime ne peut exécuter. Qu'aurait fait le roi, au milieu de tous ces décombres? Soit qu'il eût voulu transiger avec les préjugés ou les fouler aux pieds, ces préjugés l'auraient de nouveau et irrévocablement détrôné. Laissez faire Napoléon. Laissez-le frapper les Français avec sa verge de fer ; laissez-le emprisonner, fusiller, déporter tout ce qui lui fait ombrage ; laissez-le faire une majesté et des altesses impériales, des maréchaux, des sénateurs héréditaires, et bientôt, n'en doutez pas, des chevaliers de l'ordre ; laissez-le graver des fleurs de lys sur son écusson vide, etc., etc., etc.

» Alors, Madame, comment voulez-vous que le peuple, tout sot qu'il est, n'ait pas l'esprit de se dire : « Il est donc » vrai qu'une grande nation ne peut être gouvernée en Ré- » publique! Il est donc vrai qu'il faut nécessairement tom- » ber sous un sceptre quelconque, et obéir à celui-ci ou » à celui-là! Il est donc vrai que l'égalité est une chi- « mère! »

» Des idées aussi simples se présenteront à tous les esprits ; mais je vous le répète, jamais le roi n'aurait pu le faire entrer dans les têtes ; il n'y aurait eu qu'un cri : *Le voilà qui revient avec ses ducs, ses cordons, etc. Quelle nécessité de rétablir des distinctions odieuses, etc. ?* Aujourd'hui, les Français voient ce qu'il en est, et il ne faut pas autant d'esprit qu'ils en ont pour être parfaitement convertis. »

« Mai 1808.

» Que Bonaparte et sa race doivent tomber, c'est ce qui me paraît infaillible ; mais quelle sera l'époque de cette chute ? c'est ce que personne ne sait. »

« Octobre 1809.

» Je m'applaudis d'avoir toujours de nouvelles raisons de vous assurer que la révolution dure toujours, qu'il n'y a point d'exclusion, point d'établissement fixe, et que personne n'a le droit de dire : *c'est fini.* On l'a dit après la bataille de Marengo, on l'a dit après la bataille d'Auster-litz, on l'a dit après celle de Friedland ; mais, malgré toutes les apparences possibles, toujours on s'est trompé. Toujours il sortira quelque chose de dessous terre qui prolongera les convulsions, *et l'on ne cessera de se massacrer jusqu'à ce que la maison de Bourbon soit à sa place.* Lorsqu'on arrache une maison royale de la sienne, le vide qu'elle laisse se remplit tout de suite de sang humain. Mais le vide laissé par la maison de France est un gouffre, et quel sang n'y a pas coulé depuis Calcutta jusqu'à Tornéo. Cependant l'opinion n'est point pour elle. Il n'est pas rare d'entendre dire aux Français :

« *On supporte surtout Bonaparte, parce qu'on ne sait » que mettre à sa place.* » — D'autres disent que « *Henri IV » se serait bien conduit différemment à la place de » Louis XVI ;* » comme s'il y avait une manufacture où l'on fît des Henri IV pour l'instant du besoin ? Toutes les apparences sont contre cette grande maison : de tous les princes qui la composent, les uns n'ont point d'enfants, et les autres n'en peuvent avoir. D'autres sont prisonniers, deux sont morts dans une année. Celui qui avait deviné que, pour une fois, et sans conséquence pour d'autres temps, un prince de cette maison pouvait bien demander des Bourbons à quelque noble et grande demoiselle, a été pris et tué (précisément par cette raison, suivant les apparences) ; d'autres attendent des princesses imaginaires qui n'arriveront jamais. Tout semble donc annoncer la fin de cette grande maison : n'importe, je persiste à croire qu'elle reviendra sur l'eau. Sans doute, elle devait quelque chose à l'inévitable justice, mais je crois qu'elle a payé. S'il en est autrement, la meilleure vue ne peut apercevoir dans l'avenir les traités qui mettront fin aux malheurs que nous voyons. Les pères des plénipotentiaires qui doivent signer ces traités ne sont pas nés.

» Plusieurs diront : *Qu'importent les Bourbons?* Laissons faire les Français ; ne nous mêlons pas de la question. Cette idée est anglaise surtout, cependant elle ne paraît pas juste.

» Tout va sans l'homme et malgré l'homme. — Bonaparte est venu accomplir son rôle, et le Roi, on n'en peut douter, viendra accomplir le sien. »

« Saint-Pétersbourg, avril 1815.
» Quoi qu'il arrive, et quelques succès (possibles) que puisse avoir Bonaparte, personne ne doit douter du rétablissement de la maison de France, — et tout ce que nous voyons n'est qu'une opération de chirurgie nécessaire à la France. »

« Mai 1815.
» Je ne sais si je dois rire ou pleurer, lorsque j'entends parler d'un changement de dynastie. Pour avoir un ange, je serais tenté d'une petite révolution ; mais pour mettre un homme à la place d'un autre, il faut avoir le diable au corps. Coupez-vous la gorge vingt ans, Messieurs les fous ; versez des torrents de sang pour avoir Germanicus et Agrippine, dignes de régner ; et, pour vous récompenser, ils vous feront présent de Caligula. Voilà un beau coup vraiment! En huit ou dix générations, toutes les bonnes et toutes les mauvaises qualités de la nature humaine paraissent et se compensent, en sorte que tout changement forcé de dynastie est non seulement un crime, mais une bêtise. »

Les dernières pensées écrites par M. de Maistre datent de 1820, à l'époque de l'assassinat du duc de Berry. Eh bien ! Ce crime, destiné à tarir le sang des Bourbons, loin d'anéantir, fortifie, exalte la foi de M. de Maistre dans l'avenir de la maison de Bourbon. Lisez l'admirable extrait suivant d'une lettre écrite à M. de Bonald, le 25 mars 1820 :

« J'aime à voir votre cœur se répandre et vos idées se

précipiter immédiatement après cet attentat qui écrase la
pensée avant de la faire renaître, qui vous stupéfie d'abord
pour vous entraîner ensuite dans le champ immense des
profondes réflexions et des sublimes espérances. Nous chan-
tons bien à l'église : *Felix culpa !* pour le plus grand de
tous les crimes, puisqu'il a perdu le genre humain. Pourquoi ne nous permettrions-nous pas la même exclamation
en voyant dans l'avenir tout ce que doit produire cette
grande mort toute vitale et vivifiante! N'en doutez pas,
Monsieur le vicomte, nous venons de voir la fin des expia-
tions. Le régent même et Louis XV ne doivent plus rien, et
la maison de Bourbon a reçu l'absolution.... »

Cette pensée était si enracinée dans la pensée de M. de
Maistre que, quelques jours seulement après le crime, il
écrivait, le 21 février 1820, à sa fille, mademoiselle Constance de Maistre.

« Mais, sais-tu ce que c'est que ce crime affreux? Je
viens de l'écrire à ton oncle : *C'est l'épouvantable assurance de la Restauration française....* »

Une année après, le comte de Maistre rendait sa grande
âme à Dieu. Pour quiconque sait lire dans les événements, à
la lueur des pensées de M. de Maistre, tout ce qui s'est passé
en France, depuis 1830, n'a été que l'exécution du plan
providentiel si clairement vu, en 1820, par l'auteur des
soirées de Saint-Pétersbourg.

La naissance de M. le comte de Chambord ; le règne de
Louis-Philippe qui a rompu aux habitudes du gouvernement
les libéraux de la restauration : la mort si imprévue et si
extraordinaire du jeune duc d'Orléans, le principal espoir
de cette dynastie ; la révolution de 1848, qui a fait disparaître tant de préjugés et de préventions, opéré des rap-
prochements si inespérés, détruit l'esprit révolutionnaire
dans les anciens chefs de la révolution, rendu à l'église
catholique sa liberté des conciles, d'association et d'enseignement ; enfin, les qualités éminentes du jeune chef de la
maison de Bourbon, admirées même par les adversaires du
principe dont il est le dépositaire, qualités si heureusement appropriées à toutes les nécessités de notre époqu ;
tout cet ensemble de circonstances, depuis 30 ans, sont
des signes évidents que la prophétie, inspirée à M. de

Maistre par le crime du 13 février 1820 , se réalise chaque jour, et que nous marchons au moment où la *Restauration française* sera la fin de nos divisions , de nos luttes et de nos malheurs.

AL. DE SAINT-CHÉRON.

XXX.

Nous sommes heureux de mettre sous les yeux de nos lecteurs le très remarquable article que veut bien nous adresser M. Jeannel, professeur de philosophie à la Faculté des Lettres de Rennes. Les nombreux amis que M. Jeannel a laissé à Poitiers applaudiront avec nous à cette protestation honorable, à cette argumentation victorieuse qui met à leur place, c'est-à-dire sous les pieds, les sophismes révolutionnaires de M. Cousin.

L'Abeille de la Vienne du 16 juin 1851.

PRINCIPES DE LA RÉVOLUTION FRANÇAISE ET DE LA MONARCHIE CONSTITUTIONNELLE, PAR V. COUSIN.

M. Cousin a récemment publié, en tête du recueil de ses discours à la chambre des pairs (1), une déclaration de principes philosophico-politiques, dans laquelle personne ne s'étonnera de trouver bon nombre de pages écrites avec autant de bon sens que d'éloquence. Nous voudrions que tous ceux qui savent lire pussent avoir sous les yeux les lignes suivantes : « La France et toutes les grandes nations » européennes ont aujourd'hui besoin d'un gouvernement » limité, mais concentré; d'un gouvernement qui ne soit » pas tous les jours remis en question, qui dure et se per» pétue, qui a bien plus de raison pour être inamovible » que la magistrature, et qui doit être héréditaire, et s'il » se peut immortel, afin que nulle compétition du pou» voir suprême ne soit possible et ne se puisse même pré» senter à l'imagination des plus ambitieux, afin qu'il n'y » ait point d'interruption dans la conduite générale des » affaires de la nation, afin que tous les membres de cette » nation vivent, travaillent, contractent sur la foi d'un » avenir certain. »

(1) Et aussi dans la *Revue des Deux Mondes*, du 1er avril.

Mais à côté de ces pensées si sages, nous trouvons quelques assertions douloureuses qui nous ont profondément blessé, et contre lesquelles le talent même et l'autorité de l'écrivain nous font un devoir de protester. L'erreur et la calomnie historiques sont toujours fâcheuses, même quand elles sortent d'une bouche vulgaire ; que sera-ce, lorsqu'elles se présenteront sous le patronage d'un immense talent et d'une incontestable renommée?

Commençons par signaler une erreur. Après avoir marqué avec autant de netteté que d'énergie les limites sacrées de la justice, qui règle aussi bien les devoirs de l'Etat que ceux de l'individu, l'illustre philosophe, oubliant tout d'un coup ses principes, expose d'une étrange manière les moyens de réussir dans le gouvernement des nations. La tâche d'un prince ou d'un ministre qui aspire à diriger un grand peuple n'est point de conduire et au besoin de ramener ce peuple dans la voie de la justice, et de périr s'il le faut pour la défense du bon droit. M. Cousin donne un autre conseil, c'est d'abonder toujours dans *le sens des sentiments, des idées, des intérêts de l'époque!* comme si ces sentiments ne pouvaient être passionnés, ces idées fausses, ces intérêts égoïstes et criminels. Sans doute, en agissant ainsi, *les moyens de gouverner les hommes changent perpétuellement et ils ne manquent jamais.* Mais, de bonne foi, est-ce là gouverner? N'est ce pas, au contraire, être tyrannisé soi-même, et s'avilir en se faisant traîner à la suite de tous les préjugés, de toutes les convoitises, de toutes les fureurs de la foule? Il est manifeste qu'à ce point de vue la persécution des Juifs, les auto-da-fé, la guerre impie faite par l'anglicanisme à l'Irlande ont été d'excellents actes de gouvernement. M. Cousin a été ministre constitutionnel, et a gouverné pendant plusieurs années, avec une autorité à peu près absolue, une certaine province du ministère de l'instruction publique. Est-il bien vrai que, pendant l'exercice de ce pouvoir, il ait toujours été plein d'une humble déférence pour les sentiments et les idées de ses subordonnés, et qu'il se soit inquiété du souffle de l'opinion plutôt que de ce qu'il croyait être de la justice, le droit, le bien public?

Nous n'avons pas vu avec moins de regret l'auteur emprunter une expression au langage de M. Barbès et de ses amis, pour reprocher à la restauration le ministère qui *leva sur la nation le milliard de l'émigration.* Nous nous imaginions qu'il n'y avait plus guère que les hommes d'E- tat des barricades qui fermassent les yeux à l'évidence, pour ne pas voir que la loi de l'humidité avait été un acte de souveraine justice et de prudence consommée, le sceau de la réconciliation, ou du moins de l'oubli entre les vain- queurs et les vaincus.

Est-il besoin de rappeler pour la millième fois que le milliard levé sur la nation n'a pas été le milliard de l'émi- gration, mais le règlement de compte de la guerre civile? Faut-il répéter que cet impôt de restitution a été levé dans l'intérêt commun des émigrés et des acquéreurs de biens nationaux, et que ceux-ci ont aussitôt vu tripler en leurs mains la valeur d'immeubles dont la conscience publique s'obstinait à ne point regarder l'aliénation comme défini- tive, tant que les anciens propriétaires auraient traîné leur misère autour du patrimoine dont la proscription les avait chassés? Faut-il répéter, enfin, que parmi les pros- crits il s'est trouvé des hommes de toutes les opinions et de tous les partis qui ont réclamé et reçu leur part de l'in- demnité?

Nous avons donc gémi de voir un ancien ministre join- dre sa voix grave aux clameurs des démagogues contre une restitution faite à des proscrits, et publier ainsi, après coup, une sorte d'apologie de l'une des plus néfastes pa- roles qui aient été prononcées dans l'orgie politique du 15 mai.

Il nous semble aussi qu'il eût été de bon goût à un mem- bre actif de l'opinion libérale de 1830 de ne se pas faire juge et partie en mettant exclusivement sur la conscience de Charles X la responsabilité des ordonnances de juillet. Nous aimons bien mieux la franchise avec laquelle un ré- dacteur éminent du *National* de cette époque nous racon- tait l'histoire des ordonnances à peu près en quatre mots : « Nous trichions, il le savait ; et, impatienté de ne pouvoir nous prendre la main dans le sac, il a renversé la table. » Nous n'insisterons pas sur ce point.

Mais ce qui nous a, comme nous le disions en commen- çant, profondément blessé, c'est la comparaison que M. Cou- sin se complaît à établir entre la révolution française et la révolution opérée dans le monde par l'avénement du Chris-

tianisme: comparaison dans laquelle l'auteur donne délibé-
rément l'avantage à la révolution de Marat, de Danton et
de Robespierre sur celle de Jésus-Christ.

Selon M. Cousin, tous les horribles malheurs, les ruines,
les invasions, les massacres qui ont accompagné la lente
dissolution de l'empire romain ne sont pas la suite naturelle
des ambitions impitoyables, des abominables corruptions,
des voluptés furieuses des vieux Païens incorrigibles, sur
la tête desquels pesait en outre le fardeau des iniquités ac-
cumulées pendant huit siècles de tyrannie. M. Cousin n'en
veut pas croire le contemporain Juvénal, qui prononçait
l'arrêt de l'ancien monde.

Sævior armis
Luxuria incubuit victumque ulciscitur orbem.

Il se bouche les yeux pour ne pas lire tant de témoignages depuis Suétone jusqu'à Lampridius qui font si bien
comprendre à un lecteur non prévenu la nécessité de l'é-
pouvantable et tardive expiation des crimes du paganisme.
Il aime mieux répéter les calomnies banales de tous les per-
sécuteurs, qui n'ont pas manqué de mettre sur le compte
des chrétiens toutes les calamités publiques, depuis l'in-
cendie de Rome sous Néron, en 64, jusqu'aux invasions des
barbares appelés par la Providence pour nettoyer la ville
éternelle, devenue la sentine de l'univers. *Six siècles de*
misère ont suivi l'avènement du Christ; la révolution fran-
çaise n'a pas été si lente à s'autoriser par ses bienfaits!
Si Julien l'Apostat revenait au monde, il envierait ce cruel
et perfide sophisme à M. Cousin. La charité, la chasteté,
l'adoration du cœur et non des lèvres, prêchées dans l'E-
vangile, ont produit un bien immédiat. Nous sommes encore trop près des fusillades de juin 1848, l'existence de
l'ordre social en France et en Europe est encore trop menacée, pour qu'il convienne d'exalter les bienfaits apportés
au monde par la révolution française. Redisons-le sans nous
en lasser, les journées de septembre, la mort de Louis XVI,
les sanglants délires de la convention, ont été les plus
grands obstacles à la marche irrésistible du progrès et de
la vraie liberté.

M. Cousin gémit sur le sang versé par les deux révolu-

tions, et il se console en pensant que ce sang a été *la rançon* (1) *d'un grand bien* apporté en ce monde. Mais il oublie, sans doute involontairement, de faire remarquer que,
dans la révolution du Christ, les révolutionnaires étaient
les égorgés, tandis que, dans celle de Robespierre, ils
étaient les égorgeurs.

C'est sans doute en raison de cet oubli que M. Cousin
déclare que la révolution française a emprunté au Christianisme le grand dogme de la fraternité ; mais il se trompe :
la révolution n'a rien emprunté au Christianisme que les
biens de son clergé pour en faire de gros sous, et ses églises pour y mettre du fourrage ou pour y installer, dans la
simplicité primitive de son costume, la déesse Raison, le
quatardi des sans-culotides.

Nous voulons cependant croire que M. Cousin a voulu
rendre hommage à la morale de l'Évangile ; mais ses éloges
ambigus et mitigés sont plus blessants qu'une franche attaque pour les chrétiens qui se demandent si l'on fait à leur
religion l'honneur de la considérer comme une doctrine
philosophique presque aussi bonne que celle de Socrate,
ou si on la relègue parmi les vieilleries encore respectables
dont on se moque à part soi dans le for intérieur et avec
ses amis, mais à qui l'on tire encore en public, par con-
descendance, son chapeau.

CH. JEANNEL.

(1) Pendant que nous écrivions cet article, M. Désiré Nisart,
dans son discours de réception à l'Académie, faisant allusion aux
mêmes expressions de M. Cousin, prononçait ces belles paroles :
« Il ne faut pas faire aux pontons de Rochefort le triste honneur
de les compter parmi les maux qui sont la *rançon nécessaire de
quelque grand bien* ; ce ne sont que des barbaries gratuites ou des
folies dont le seul effet est de perpétuer les doutes sur le bien qui
leur a servi de prétexte, et de jeter dans la conscience humaine
d'irrémédiables découragements.

XXX.

DISCOURS DE M. DE FALLOUX.

Séance de l'Assemblée législative du 14 juillet 1851.

M. DE FALLOUX. (Mouvement d'attention.) Messieurs, au moment où j'ai commencé à réfléchir aux paroles que je vous apporte aujourd'hui, j'ai rencontré, dans une page de notre histoire, une pensée qui m'a profondément frappé. C'est sous son impression que j'ai continué à me préparer à aborder cette redoutable tribune, qui n'a jamais été plus qu'aujourd'hui redoutable, et pour personne plus que pour moi.

C'est aussi sous les auspices de cette pensée que je vous demande à placer tout d'abord mon langage

« Ne rien exposer au hasard de ce qui peut être assuré par la prudence, c'est toujours l'impatience de gagner qui nous fait perdre. L'espérance trompeuse fait mal parler et mal agir.... Se garder de l'espérance, mauvais guide. »

C'est une pensée de Louis XIV, écrite de sa propre main dans ses mémoires. (Mouvements divers et prolongés.)

Je l'ai prise pour moi, Messieurs, et je l'ai profondément méditée, mais je la répète pour tout le monde.

Soyez donc bien sûrs que ce n'est ni l'impatience, ni l'espérance, ni aucun sentiment personnel que vous puissiez supposer qui me presse de parler aujourd'hui. Bien loin de là, le rendez-vous solennel nous est donné, nous est imposé par la Constitution. Il n'a été provoqué par aucun de nous, et il n'était pas même désiré.

Ce n'est donc, je le répète, aucun sentiment personnel qui dicte mes paroles, aucun empressement.

Je me suis rappelé aussi qu'on disait autrefois : « Tout magistrat qui n'est pas un héros de probité n'est pas même un honnête homme. »

Eh bien ! je dis aujourd'hui, dans cette circonstance solennelle : Tout représentant qui n'est pas un héros de désintéressement, d'abnégation, de patriotisme, n'est pas même un honnête homme. (Vive approbation sur les bancs de la droite. — Sensation.)

C'est sous cette réprobation solennelle, c'est sous cette malédiction que je place d'avance mes paroles, si elles ont une autre inspiration. (Nouvelle approbation à droite.)

Maintenant j'aborde devant vous, comme je l'ai abordé vis-à-vis de moi-même, ce que je considère comme la première question : Avons-nous le droit de révision? Dans quelle mesure devons-nous l'exercer? Ce droit de révision, je comprends que personne ne nous le conteste dans le sens strict et constitutionnel du mot. Mais on nous le conteste moralement, on nous dit : Vous avez porté une atteinte quelconque au suffrage universel ; tant que cette atteinte existe, vous ne pouvez pas moralement réviser la Constitution. Je prends en extrême considération cette difficulté, parce qu'elle s'adresse à l'honneur de tout le monde ; mais seulement pour moi, c'est l'assertion contraire qui est vraie.

On nous dit : Retirez la loi du 31 mai, nous vous accorderons la révision ; moi, je dis : La seule manière de retirer la loi du 31 mai, c'est d'avoir la révision. Ce n'est que par la révision, après la révision, qu'on peut retirer la loi du 31 mai. (Rires ironiques à gauche.)

M. VERGERON. Il n'y a pas de quoi rire.

M. DE FALLOUX. Sous l'empire de quelle idée a été présentée et votée la loi du 31 mai?

Non pas sous l'idée que ce fût la meilleure loi possible, que ce fût une loi qui ne rencontrait pas d'objection et qui n'avait pas d'inconvénients. On jugea que c'était la seule loi possible avec les entraves qu'impose la Constitution actuelle, entraves qui sont telles qu'il n'y a pas une seule organisation du suffrage universel possible avec la Constitution actuelle.

Voilà la pensée-mère, l'unique pensée de la loi du 31 mai. Les entraves imposées par la Constitution ont fait du suffrage universel, non pas selon mon dire, à moi, mais selon le dire de quelqu'un dont vous ne récuserez pas l'autorité, de M. de Lamartine, qui s'est associé à la promulgation de la loi du suffrage universel par le gouvernement provisoire.

Eh bien, ces entraves sont telles que c'est une pure loterie, une loterie qui livre le suffrage universel aux hasards, aux cabales, aux intrigants, aux factieux et aux idiots. (Mouvement.)

Voilà les expressions amoindries, car on amoindrit toujours M. de Lamartine quand on ne le cite pas textuellement ; voilà les expressions dont il se sert dans un livre publié par lui avant la loi du 31 mai, et intitulé solennellement : *Le présent, le passé, l'avenir.*

Voilà dans quels termes il parle du suffrage universel tel qu'il est organisé dans les conditions de la Constitution, et il ajoute : Le suffrage universel ainsi organisé, ce n'est qu'une idée, ce n'est qu'un principe ; de jour en jour il attend son organisation. Cette organisation, on a essayé de la faire dans la loi du 31 mai, mais on l'a faite très incomplétement. J'en conviens plus que personne. J'entrerai dans les détails quand nous discuterons la loi électorale, et j'y interviendrai pour favoriser les modifications que la justice et l'équité peuvent réclamer. Mais il n'en est pas moins vrai que la loi du 31 mai ne peut être modifiée fondamentalement que quand la Constitution ayant disparu, nous reprendrons toute latitude.

L'objection morale, je ne puis donc pas l'accepter, et je la renvoie retournée à nos adversaires. Mais il y en a une autre de même ordre qui m'aurait touché plus profondément encore. Eh bien! oui, si, contre toute raison, nous cédions aux exigences de cette Constitution qui place le suffrage universel dans des conditions si sévèrement caractérisées par ses amis les plus irrécusables; si nous cédions à cette sorte de défi, si nous abrogions la loi du 31 mai, qu'est-ce que nous aurions gagné, Messieurs? Rien. Nous aurions désarmé la société, nous n'aurions pas conquis à l'ordre, nous n'aurions pas enlevé aux chances de la guerre civile un seul argument ni un seul partisan.

Le suffrage universel n'a jamais été défendu que par nous; il n'a jamais lié que nous, il ne lie encore que nous. De ce côté (la gauche) il n'a jamais lié personne depuis trois ans; il ne lierait pas davantage à l'avenir.

Assurément, si le suffrage universel devait préserver à tout jamais cette société épuisée des épuisements nouveaux de la guerre civile, il n'y a pas de sacrifice qu'on ne doive faire à cette pensée; il n'y a pas un sacrifice que, pour mon compte, je me crusse le droit de refuser. Mais remarquez-le, le suffrage universel a été en toute circonstance attaqué par le côté qui s'en prévaut aujourd'hui pour nous lier; il était attaqué avant la réunion de la Constituante; il a été attaqué dans cette enceinte le 15 mai; il a été attaqué le 23 juin; il a été attaqué le 13 juin! (Sensation.) Enfin, ce n'est pas assez de l'avoir attaqué en fait, on l'attaque doctrinalement, on l'attaque fondamentalement aujourd'hui. M. de Girardin, qui défend maintenant la thèse qui, malheureusement pour moi, n'est pas la mienne vis-à-vis de lui, M. de Girardin a vu échouer son élection, à Paris, parce qu'il a refusé de mettre la République au-dessus du suffrage universel, et l'honorable général Cavaignac professera, je crois, à cette tribune, comme il l'a professé dans la commission...

M. LE GÉNÉRAL CAVAIGNAC. Je demande la parole.

M. DE FALLOUX.... Que le suffrage universel est inférieur à l'idée fondamentale et primitive de la République.

Lors donc que le suffrage universel ne lie que d'un côté, lors donc qu'il ne lie ni en fait ni en doctrine ceux qui le réclament de la façon la plus impérieuse, je dis que nous sommes libres, non seulement constitutionnellement, personne ne le conteste, mais moralement, ce qui, pour moi, est aussi nécessaire que d'être libres constitutionnellement : nous sommes libres, nous pouvons réviser.

Dans quelle mesure devons-nous réviser? Sera-ce la révision partielle? sera-ce la révision totale? (Chuchottements.—Ecoutez! écoutez!)

Si la révision partielle suffisait aux besoins et aux exigences de mon pays, j'y consentirais aussitôt et immédiatement; mais, selon moi, la révision partielle ne peut produire qu'une chose, une illusion, et la plus fatale des illusions. Je ne puis donc consentir qu'à la révision totale.

Cependant il y a pour la révision partielle, quelque formellement que je me prononce contre elle, il y a deux arguments qui m'ont touché.

Avec la révision partielle, on gagnera du temps, et on refera de l'autorité.

Ah! gagner du temps pour un pays qui souffre, pour un pays qui, dans certaines conditions, est profondément découragé, pour un pays qui ne demande que le repos, oui, gagner du temps, c'est un grand argument, et le rejeter, c'est une grande témérité, un grand prétexte pour les reproches; mais gagner du temps, est-ce toujours gagner quelque chose?

Je demande que la réponse soit faite par quelqu'un qui a une tout autre autorité que la mienne, par l'honorable président de la commission, par M. de Broglie.

Voici la force que j'ai trouvée vis-à-vis de moi-même, si j'avais hésité; voici la force que j'ai trouvée dans un rapport de M. de Broglie à la chambre des Pairs:

« Attendre est sage, à la condition d'attendre quelque chose; mais attendre pour attendre, par pure insouciance ou par pure irrésolution, faute d'avoir assez de bon sens pour se décider et assez de courage pour se mettre à l'œuvre; attendre ainsi c'est le pire de tous les partis et le plus certain de tous les dangers. »

Voilà, Messieurs, non pas ce qui a pour moi fait naître ma résolution, mais ce qui l'a rendue irréfutable.

L'autre argument est celui-ci : On refera de l'autorité.

Ah! mais oui, c'est aussi une bien noble et une bien grande chose que de refaire de l'autorité; cela est certainement une chose bien nécessaire, et jamais, jamais ce ne sera moi, et j'espère que ce ne seront jamais mes amis qui nous y opposerons. Mais, comment refait-on de l'autorité? Je me suis bien souvent, bien profondément attaché à ce problème, et pour moi, il se résout à deux axiomes contraires qui ne sont qu'une même pensée.

Voici ce que je dis: on ne donne pas à la liberté tout ce que l'on donne à la République, on ne donne pas à l'autorité tout ce que l'on donne au gouvernement. Ce sont des choses très distinctes. Eh, mon Dieu! on ne donne pas à la liberté tout ce qu'on donne à la République; nous le voyons : nous l'avons vu dans ce pays par les deux épreuves que nous en avons faites.

Je n'insisterai pas, j'ai trop présent le conseil, le sage conseil de M. le président; mais qu'on me permette de le dire, on ne fait pas de la république avec des circulaires, on ne fait pas de la république avec des commissaires; on fait de la république avec des mœurs, avec des institutions, avec une condition géographique républicaine; on ne fait de la république qu'avec des vertus républicaines. On fait de la république comme cela ou l'on n'en fait pas, ou l'on en fait une détestable et pitoyable contrefaçon. (A droite : Très bien ! très bien !)

M. BURGARD. Ah ! très bien ! Exclamations et rires à droite.)

M. DE FALLOUX. Messieurs, ce que je viens de dire de la République avec une respectueuse franchise, je demande la permission de l'appliquer de même au gouvernement.

Ah ! on ne fait pas de l'autorité avec du gouvernement, avec de l'administration toute seule ; on ne fait pas de l'autorité avec de la compression ou de la prospérité matérielle seulement. On ne fait de l'autorité et de l'ordre qu'avec les conditions véritables de l'ordre et de l'autorité, avec les mœurs, avec les institutions, avec les principes, les hommes, les vertus, l'autorité. On ne fait de l'autorité que comme cela ; autrement on peut faire du gouvernement ; on peut le faire avec habileté, avec utilité ; on peut s'acquérir de grands titres à la reconnaissance d'un pays ; mais tout cela est précaire et passager ; tout cela ne peut durer qu'autant que durent quelques nécessités, quelques circonstances impérieuses. Ce n'est pas de l'ordre, ce n'est pas de l'autorité.

Et voulez-vous me permettre d'en prendre la preuve dans ce qui nous arrive à nous-mêmes ? Il y a quelques départements en France où l'on fait ce qu'on appelle de l'ordre, de l'autorité plus que partout ailleurs ; ce sont les départements en état de siége. Et je me hâte d'ajouter que je suis bien loin, en disant cela, de vouloir porter la moindre atteinte morale à l'état de siége ; je commettrais un acte de lâcheté si je ne disais pas ce que je vais dire. J'appartiens à la majorité qui a voté l'état de siége, qui en a voté le renouvellement, ou du moins le maintien dans quelques circonstances récentes ; je le veux encore ; si c'était à refaire, je le ferais encore ; je crois avoir bien fait en le faisant ; je crois que le gouvernement et la majorité n'ont lieu ni de s'en repentir ni d'en rougir. Mais, enfin, il faut examiner les choses comme elles sont. Quand nous faisons du gouvernement avec l'état de siége, croyez-vous que nous faisons de l'ordre, de l'autorité ? Non, nous faisons un acte d'impérieuse nécessité. Eh bien ! dans les départements en état de siége, l'ordre et l'autorité se rétablissent-ils plus que dans les autres départements ? Non, l'état de siége est là pour empêcher de grandes secousses locales, de grands désordres matériels et physiques, mais l'ordre moral ne s'y refait pas, non, nous le savons très bien ; nous serions très aveugles et très coupables si nous nous faisions illusion à cet égard. Eh bien ! multipliez la même idée en grand, appliquez-la à toute la France, vous arriverez au même résultat, vous arriverez à une compression qui peut être nécessaire, salutaire ; vous n'aurez rien fondé.

La prospérité matérielle elle-même dans ces départements, elle est revenue ; l'ordre moral n'y est pas rentré ; et une des choses qui me frappent le plus, c'est que ce sont, dans certaines localités, les ouvriers même qui gagnent le plus qui sont le plus dévoués aux doctrines que nous ne craignons pas de caractériser d'anarchiques. Ainsi, ce n'est pas seulement la compression qui ramène l'ordre ; ce n'est pas non plus seulement la misère qui fait les factieux, non, c'est la doctrine, c'est le spectacle politique qu'on a sous les yeux ; c'est l'enseignement qu'on entend de tous les faits et de toutes les choses qui se passent au sommet du pays, et qu'on a sans cesse sous les yeux...

M. LE GÉNÉRAL FABVIER. Ce sont les exemples !

M. DE FALLOUX. Oui, ce sont les exemples ; si c'étaient seulement les hommes, dont la vie matérielle et la condition sont très misérables, qu'on parvient à égarer en aigrissant leur misère, je concevrais l'argument : la compression ramènera la sécurité, la sécurité ramènera l'abondance, et l'abondance ramènera l'ordre dans les esprits.

Si l'on pouvait se rattacher à ces espérances, je ne résisterais pas.

Mais ce sont les ouvriers qui gagnent 8, 10 fr. par jour qui sont, qu'on me permette cette expression, plus communistes et socialistes que ceux qui ne gagnent que 20 sous.

Pourquoi ? Parce qu'ils lisent les journaux, parce qu'ils s'occupent des conditions politiques du gouvernement, de la constitution politique de leur pays, parce qu'ils disent : Nous sommes en état de siége aujourd'hui ; mais, après tout, nous sommes en République, nous sommes dans une organisation politique où telle et telle doctrine qui domine peut nous assurer telle ou telle espérance ; ne nous dérangeons pas, continuons, serrons nos rangs, étendons notre prosélytisme, multiplions notre propagande.

Et, bien loin de les décourager, vous leur donnez une arme dont ils ne se dessaisiront jamais. Ainsi, gagner du temps, ce n'est rien, c'est traiter le mal par des palliatifs, par des expédients, c'est jeter un voile qui empêche de le sonder dans toute sa profondeur, mais qui vous ferait tomber dans le piége au moment où vous auriez les yeux aveuglés. (Approbation à droite.—Mouvement prolongé.)

Réviser peu, faire une révision partielle, ce n'est rien faire, c'est faire pis que rien, c'est produire une illusion funeste.

Mais réviser beaucoup, réviser tout, c'est aller bien loin ; c'est un autre inconvénient, c'est aller à la monarchie.

Ah ! oui, j'en conviens.

Et l'on ajoute : « Le pays n'est pas mûr pour la monarchie. »

Ah ! le pays n'est pas mûr pour la monarchie ! c'est possible. Je n'en sais rien : il y a deux ans à peine, j'entendais à cette tribune les républicains les plus compétents nous déclarer que la France n'était pas mûre pour la République.

Est-il donc possible que notre pays ne soit mûr ni pour la République ni pour la Monarchie ? Lui fait-on cette injure de croire et de dire qu'il ne peut supporter qu'un régime bâtard, que des institutions qui se démentent elles-mêmes et qui ne reposent sur

aucun principe fixe, fondamental, historique et hautement avoué ?
Osera-t-on parler et dire cela de la France à cette tribune ? Je
ne le crois pas. La France sait où est son mal , elle sait où est
sa souffrance, elle sait son histoire, elle sait son passé ; elle sait
donc pourquoi elle n'est pas mûre ; elle sait si elle veut la République ou si elle veut la Monarchie ; à coup sûr , elle sait ce qu'elle
veut, ce qu'il lui faut ; et quand on parle comme d'un enfant ,comme
d'un pupille mineur dont on prévient ou dont on évite de faire
par là la volonté, en lui adresse une injure que , pour mon
compte , je repousse du plus profond de ma conscience et de mon
patriotisme. (A droite : Très bien !)

Ce qu'on veut dire , Messieurs , car enfin ce mot a tellement
cours qu'il repose sur quelque chose ; ce qu'on veut dire quand
on dit que la France n'est pas mûre pour la monarchie , c'est
ceci :

On veut dire que les hommes politiques ne sont pas mûrs pour
la concorde. Cela est vrai, c'est malheureusement trop vrai ;
mais si nous attendons que cette maturité soit venue pour pro-
céder au remède, nous attendrons trop longtemps. Il y a là un
cercle vicieux dont le pays seul a le droit et l'autorité pour nous
faire sortir.

Ainsi donc , ces objections ne m'ont point arrêté ; je n'ai voulu
écouter ni la peur ni l'irrésolution ; l'une et l'autre tiennent un
langage auquel je ne crois pas : la peur crie au *spectre rouge* ,
et elle réclame les douceurs ou les splendeurs du Bas-Empire.
Eh bien ! le spectre rouge, il existe , et je vais vous dire ce que
j'en pense ; il existe , il marche ; il marche malgré l'état de siège ,
il marche malgré une administration habile et bien intentionnée ;
oui , et je m'enquiers souvent de sa marche : mais quand je veux
en avoir des nouvelles , ce n'est pas de ce côté (le côté gauche)
que je regarde, c'est de celui-ci (le côté droit).

Tant valent nos divisions , tant valent ses chances , il n'en a pas
d'autres.

VOIX NOMBREUSES , à droite. C'est vrai ! c'est vrai !

M. DE FALLOUX. Tant valent les parts que nous faisons à nos
vieux ressentiments , à nos récriminations , à nos amertumes
personnelles , tant vaut tout cela , tant vaut son avenir... (C'est
cela !)

... C'est nous qui le faisons ; c'est de ce côté (le côté droit) qu'il
faut regarder quand on veut voir ce qui se passe ici..... Et quand
ici nous arriverons sous la pression , sous le mandat du pays , à
nous regarder tous les uns les autres et à voir si nous voulons
obéir , ou à nos pensées personnelles , ou à notre patriotisme , ce
jour-là ce sera le patriotisme qui l'aura emporté ; quand nos mains
en nos cœurs se seront confondus, ce jour-là nous nous retourne-
rons vers le spectre rouge , il aura disparu.

A DROITE. Très bien ! très bien !

Messieurs , je n'accorde pas davantage au langage de l'irrésolution. Elle s'est emparée d'une parole très célèbre appartenant à un des plus illustres membres de la majorité ; elle s'en est emparée et l'a conduite, je crois, beaucoup plus loin que l'intention de son auteur.

On dit : La République est le terrain qui nous divise le moins ; par conséquent, demeurons-y.

L'honorable M. Thiers sait à quel point je professe pour lui la reconnaissance personnelle. Aucun homme politique ne m'a accueilli, au début de ma carrière, avec une bienveillance plus indulgente que lui, et personne, parmi ceux qu'il a encouragés dans sa vie, n'en a été et n'en demeurera toujours plus reconnaissant que moi.

J'ai donc besoin, pour ma satisfaction personnelle, en m'attaquant à cette pensée, de m'attaquer bien plus à ceux qui s'en sont fait une arme pour la perpétuité indéfinie de la République qu'à lui-même.

Eh bien ! cette pensée : la République est le régime qui nous divise le moins, pour moi, telle qu'elle a été commentée et acceptée par le public, elle est fausse. La République, ce n'est pas le régime qui nous divise le moins, c'est le régime qui nous permet de demeurer divisés : c'est bien différent. (Mouvement. — Rires d'approbation sur un grand nombre de bancs.) C'est le régime qui nous permet de rester divisés les uns vis-à-vis des autres, loyament, honorablement, commodément ; commodément aujourd'hui, demain peut-être non.

Eh bien ! c'est là un avantage dont nous avons joui trois ans ; c'est assez, n'en abusons pas Nouveaux rires d'approbation.)

Ce régime qui nous divise le moins, c'est celui qui ruine la France, c'est celui qui annule toutes ses forces, c'est celui qui condamne le grand parti de l'ordre à encourir la responsabilité d'une radicale et invincible impuissance, c'est le régime qui condamne notre pays, non seulement à l'immobilité, mais à la léthargie, à cette sorte d'état dans lequel on conserve encore assez de perception pour voir que l'on creuse votre fosse et que l'on coud votre linceul, mais pas assez pour pousser le cri ou faire le mouvement qui vous sauverait.

Voilà l'État que nous devons au régime qui nous divise le moins.

Eh bien ! cet État ne peut pas durer pour un peuple sans devenir mortel ; c'est la léthargie, et, on le sait, la léthargie n'est jamais loin de la mort. (Mouvement.)

Ainsi donc, il faut nous mettre franchement et courageusement à l'œuvre ; il faut nous y mettre en sondant le mal dans toute sa profondeur, et en cherchant à appliquer, non pas un palliatif, mais un remède à ce mal.

Et pour sonder ce mal, pour chercher ce remède, demandons-nous bien si nous sommes assis solidement autour d'une table rase, pouvant faire en paix et en sécurité notre œuvre, ou si nous ne sommes pas plutôt sur un plan incliné, glissant d'heure en heure, suspendus de toute la force de nos muscles au-dessus d'un abîme ; mais tour de force que les nations ne peuvent faire indéfiniment, pas plus que les individus.

Eh bien ! nous ne sommes pas aujourd'hui assis sur un roc solide pour y établir les fondements des temps anciens ou des temps nouveaux ; nous sommes sur le plan incliné ; et si vous voulez savoir combien nous avons glissé, si vous voulez savoir le chemin que nous avons fait sur cette pente rapide, eh bien ! prenons des dates ; faisons, en bien peu de mots, une revue par époque, par faits, par idées.

Ainsi, par exemple, prenons comme fait la garnison de Paris en 1815, en 1830, en 1848 ; cela répond aux précautions de l'ordre matériel, qui préoccupe beaucoup de gens, et moi tout le premier.

En 1814, en 1815, les plus formidables événements s'accomplissent ; personne ne sait s'il y a une garnison à Paris. En 1830, d'énormes événements s'accomplissent ; il y avait à Paris une garnison de 8 à 10,000 hommes. En 1848, d'énormes événements s'accomplissent ; il y avait une garnison de 40 à 50,000 hommes. Et aujourd'hui, après deux ans de République, on ne dit plus garnison de Paris, on dit armée de Paris, et on compte par 60 et 80,000 hommes.

Voilà pour les faits, voilà pour les degrés descendus sur le plan incliné.

Maintenant, voyons pour les idées.

En 1814 et en 1815, les plus formidables événements s'accomplissent ; personne n'entend parler d'une théorie sociale, d'une théorie républicaine, d'une théorie politique quelconque même ; chacun ne se préoccupe que de savoir où sera placé le gouvernement. En 1830, au bout de quinze ans, les républicains se montrent, les républicains sont en état d'être comptés et d'être écartés.

En 1848, les républicains l'emportent ; les socialistes se montrent derrière les républicains. En 1830, les clubs s'ouvrent ; une patrouille de la garde nationale vient à passer, les clubs sont fermés. En 1848, les clubs couvrent la France, et, à l'heure qu'il est, ils ne sont que temporairement interdits. En 1830, les saint-simoniens ouvrent une école, une chaire, une tribune ; Paris y va ; on y va, j'en demande pardon à ceux que ces souvenirs pourraient blesser, on y va par curiosité, par partie de plaisir, et au bout de quelques temps, que reste-t-il des saint-simoniens ? Quelques hommes, toujours de beaucoup d'esprit, entrant dans les journaux conservateurs, entrant dans l'administration, entrant dans l'armée, et quelques-uns, très peu, se retrouvent encore aujourd'hui, en n'en portant plus le nom, dans cette assemblée.

Voilà tout le mouvement intellectuel et radical de 1830.

En 1848, ce ne sont plus seulement les délassements ou les

distractions de la capitale qui conduisent aux clubs socialistes, communistes, tous mots que je ne répète à cette tribune qu'avec une grande affliction, ce n'est plus une faction; c'est, dit-on, l'avenir tout entier du pays.

Voilà le progrès dans les faits, voilà le progrès dans les idées, voilà la pente sur laquelle on vient vous dire : Nous sommes bien ici, plantons-y une tente et jetons-y des fondements pour une œuvre solide ou pour une œuvre transitoire.

Eh bien! ces faits si effrayants pour moi, ces faits que je n'ai creusés et que je ne vous présente ici que très sommairement, en glissant, et avec une profonde douleur; ces faits, comment s'expliquent-ils? Selon moi, par une théorie très simple : c'est que, successivement, chacune des vraies forces du pays, chacune des vraies puissances de l'ordre dans ce pays a voulu successivement et isolément se charger du pays à elle toute seule.

En 1830, les royalistes, je juge leurs fautes, je vous prie de le croire, avec autant d'impartialité que qui que ce soit dans cette enceinte, les royalistes étaient arrivés à cette situation de vouloir gouverner le pays à eux tout seuls; ils ont succombé.

Les libéraux, qui étaient la grande force morale, la grande force politique de ce moment-là, ont dit : Nous écarterons bien les républicains; nous nous faisons forts de la République et des républicains; nous gouvernerons le pays à nous tout seuls. Ils l'ont gouverné, et tout le monde sait que ni le talent, ni l'autorité, ni le succès ne leur ont manqué, et ils ont succombé.

En 1848, les républicains ont dit, à leur tour, ce que les libéraux avaient dit en 1830; ils ont dit : « Nous nous faisons forts du socialisme et du communisme; ne craignez rien; nous républicains, qui ne sommes ni les anciens hommes monarchiques de 1815, ni les anciens libéraux de 1830, nous nous chargeons de gouverner le pays, soyez tranquilles; le socialisme et le communisme, ce n'est rien. » Combien cela a-t-il duré? Vous le savez : deux mois, trois mois.... les républicains ont disparu. Le socialisme, le communisme ne les ont pas remplacés immédiatement, cela est vrai; et il est venu à la traverse, il est venu inopinément le régime actuel. Mon Dieu! je le caractériserai par un mot, parce que c'est un mot court, parce que c'est le mot qui dispense de beaucoup de périphrases, mais j'espère que personne ne croira que j'emploie ce mot dans l'acception dont les partis et dont les factions ont l'habitude de se servir; il est venu ce qu'on appelle l'ère bonapartiste, le gouvernement d'un prince, le gouvernement qui pouvait s'appuyer sur le grand nom de Napoléon; et aujourd'hui on pourrait voir poindre à l'horizon la même pensée qui a tout perdu depuis quarante ans; c'est cette pensée que j'appellerai dans ce moment le bonapartisme, qui dirait, elle aussi : Ne craignez rien! moi, je réponds du pays sans les socialistes, sans les républicains, sans les libéraux, sans les monarchistes.

Hélas! vous avez vu tout ce que ces épreuves ont fait perdre

à la France ; elles l'ont fait descendre de plus en plus vers l'a-
bîme. Eh bien ! il appartiendra à cette témérité , à cette folie
d'être la dernière de nos étapes ; ce serait le bonapartisme
ainsi entendu , ainsi compris qui achèverait la décadence et la
ruine de notre pays. (Approbation sur divers bancs de la droite.)

Voilà comment nous avons marché depuis quarante ans , voilà
dans quelle voie nous avons marché depuis quarante ans , et voilà
pourquoi nous en sommes arrivés là où nous en sommes.

Ne vous étonnez donc pas si je ne demande le remède au mal
que je comprends ainsi ni à celui-ci ni à celui-là, ni à la réforme
de cet article-ci ni à la réforme de cet article-là ; le remède , je le
demande à une révision aussi complète et aussi radicale que possible ; je le demande à une substitution du principe de la Monarchie au principe de la République. (Sensation.)

VOIX DIVERSES. Très bien ! C'est clair !

M. DE FALLOUX. Voilà ce que je veux pour les faits. Quant aux
hommes, ne vous étonnez pas non plus si je ne demande pas le
remède ni à mes amis les royalistes tout seuls, ni à mes amis les
libéraux tous seuls , ni aux républicains , ni aux bonapartistes ; ne
vous étonnez pas que , comprenant ainsi le mal , je ne demande le
remède ni aux uns ni aux autres isolément ; je le leur demande à
tous (approbation à droite), je le leur demande à tous en commun,
a tous ensemble , à tous indivisiblement.

Nous avons été perdus les uns par les autres ; nous avons, les
uns et les autres , contribué à perdre notre pays , ou du moins à
le compromettre énormément, à le conduire à cette situation où
l'on délibère de sa vie et de sa mort ; tous , nous l'avons conduit
là. Ne faisons pas les parts, ne les recherchons pas ; ayons chacun
vis-à-vis de nous-mêmes, vis-à-vis de notre conscience , le sentiment de notre erreur , de notre méprise , quelque généreuse
qu'elle ait été ; ne comprenons que ce sentiment , n'obéissons qu'à
ce sentiment : il n'y a que celui-là qui peut nous sauver et qui
qui peut sauver la France. Quant à moi , je n'en connais pas d'autre, je n'en cherche pas d'autre, je ne m'occupe d'aucun autre. (Nouvelle approbation sur divers bancs de la droite.—Interruption pro-
longée.)

Messieurs, je n'abuserai pas longtemps de l'indulgence de l'Assemblée. (Non ! non !—Parlez !)

L'état de notre pays ainsi envisagé , ainsi consciencieusement
étudié suffisait, selon moi, pour déterminer un vote, le vote immédiat , le vote presque unanime de la révision totale. Cependant,
il y a encore tout un ordre de considération qu'il faudrait également faire valoir..... (je l'aurais voulu, je l'aurai essayé, mais
l'état de mes forces s'y oppose absolument),..... c'est de se re-
tourner , c'est de regarder notre pays au-delà de la frontière et
d'envisager l'état de l'Europe. Un mot seulement et à la hâte.

Pour la France, ce qui la touche dans son intérêt, dans sa vie
propre, ce n'est pour ainsi dire rien, quand on songe à son in-

fluence et à son action dans le monde. La France a toujours vécu comme les hommes d'intelligence et de cœur: elle a bien plus vécu pour le dehors que pour le dedans ; elle a bien plus vécu pour son action que pour son égoïsme.

Eh bien ! si j'avais pu (mais j'y renonce bien malgré moi) vous montrer à quel point le travail qui s'est fait en Europe contre nous est parallèle à ce travail de décadence qui s'est fait chez nous , vous verriez que si la France ne veut pas subir encore plus de misère par le dehors qu'elle n'en subit par le dedans, il est temps pour elle d'aviser. Vous allez voir comment je comprends ce péril, et que notre fierté nationale ne peut en rien se sentir blessée. (Mouvement à gauche)

Permettez-moi même d'aller tout de suite au-devant d'une objection, qui n'est assurément manifestée par personne , car je ne puis assez remercier ceux dont je blesse les opinions de la tolérance qu'ils ont bien voulu m'accorder ; permettez-moi, dis-je , d'aller au-devant d'une objection qui, je le répète , n'est faite par personne , mais que je sais dans la pensée de quelques-uns de mes honorables collègues.

On dit : On veut toujours accuser la Révolution ; c'est un réquisitoire contre la Révolution tout entière ; on va maintenant nous dire ce que la Révolution nous a fait perdre et fait gagner à l'Europe.

Oui , c'est ce que je vais dire ; mais , d'abord , permettez-moi de vous déclarer que quand je dis, à ce point de vue « la révolution, » je ne veux pas parler de ce que l'on entend injustement , mais enfin de ce que l'on entend habituellement , par ce mot consacré : « les conquêtes de 89. » Permettez-moi de vous dire que personne de sensé , depuis soixante ans , n'entend rien contester de ce que la Révolution a pu produire dans le sens des grandes garanties, des grandes conquêtes pour la véritable liberté.

Dès le commencement , dès 90, dès 91 , la femme d'un émigré entrait à Vienne chez le prince de Kaunitz, qui gouvernait alors l'Autriche, et elle lui disait : « Prince, pourriez-vous me dire si je rentrerais bientôt en France ? Est-ce que la révolution française durera encore longtemps ? » Le prince de Kaunitz lui répondit avec un profond soupir (à lui c'était bien permis): « Ah ! Madame, la révolution française durera longtemps , peut-être toujours.»

Eh bien ! nous , Messieurs, nous avons effacé le peut-être. La révolution française durera toujours ; la révolution française, comprise dans ses grandes conquêtes, celles que l'habitude historique, que le langage vulgaire appelle les conquêtes de 89, la révolution française, qui remonte plus loin , mais sur l'origine de laquelle il est inutile de discuter en ce moment , la révolution française est acquise, inaliénable, impérissable. Rapportez-vous-en au bon sens, au plus vulgaire bon sens de ceux qui vous parlent , à quelque rang qu'ils appartiennent, pour savoir que personne n'apportera ici de réquisitoire contre la partie saine , contre la partie morale , libérale, contre la partie invincible de la révolution française. (Très-bien ! très bien !)

Croyez qu'aujourd'hui, en 1851, il n'y a personne qui ne soit aussi avancé que ne l'était le prince de Kaunitz à Vienne, en 1790.

Mais cette explication, donnée pour reprendre toute ma liberté d'examen, permettez-moi de vous dire qu'au point de vue matériel, politique, la révolution n'a pas cessé de faire perdre à la France et de faire gagner à l'Europe. En quelques mots, ce qu'il y a de moins passionné au monde, la statistique, vous mettra en un instant sous les yeux ce que je crois qu'il est important que vous envisagiez.

Voici le résumé des populations des cinq grandes puissances de l'Europe en 1789 et en 1848 :

En 1799, la France avait 27 millions d'habitants ; en 1848 elle en a 35 millions.

La Prusse avait 6 millions; en 1848, elle en a 16.

L'Angleterre avait 14 millions ; en 1848, elle en a 29.

L'Autriche avait 28 millions; en 1848, elle en a 39.

La Russie avait 33 millions; en 1848, elle en a 70. (Mouvement.)

La France, pour ne prendre que les deux points extrêmes de 1789 à 1848, la France a gagné 8 millions d'habitants ; de 1789 à 1848, la Russie a monté de 33 millions à 70.

Cela vous explique la situation de l'Europe vis-à-vis de chacune de nos révolutions; cette situation est une profonde anxiété et une double délibération entre deux intérêts contraires. Au point de vue monarchique, l'Europe est profondément émue, profondément alarmee; il n'y pas de révolution qui n'ait son écho dans toutes les capitales et dans la même proportion que je viens de faire voir ; de 1814 à 1848, les faits parlent. L'Europe est donc profondément émue au point de vue monarchique ; mais au point de vue de la jalousie et de la concurrence nationale, elle est profondément satisfaite.

Ce qui fait que les cabinets vont d'hésitation en hésitation, et de fluctuation en fluctuation depuis quarante ans, c'est qu'il y a toujours le sentiment monarchique qui dit : Sois affligée, et le sentiment national qui dit : Sois satisfaite; tu subis une crise, mais tu en sortiras et tu y laisseras beaucoup moins que la France, ton ancienne rivale ; entres en relation avec toutes les révolutions ; travailles-y même, s'il le faut ! (Mouvement.)

Voilà le double sentiment de l'Europe ; elle a été conduite loin par cette politique... elle est arrivée aujourd'hui elle-même à ses dernières limites.

En 1815, en 1830 et en 1848, la Prusse et l'Autriche avaient des politiques, avaient des conduites parfaitement distinctes et indépendantes; aujourd'hui la Russie, que l'honorable M. Thiers appelait si éloquemment, il y a quelques jours, un Hercule au berceau, aujourd'hui la Russie les domine, la Russie les protége, la Russie les défend. En sorte que quand nous serons arrivés chez nous à ce terme, qui est le dernier qui nous attend, celui qui nous suit immé. diatement, le dernier degré de l'anarchie et de la démagogie, l'Europe, qui verra en même temps tous ses trônes ébranlés, se réfugiera dans les bras de la Russie.

Vous aurez alors cette lutte sanglante et suprême entre la dernière anarchie et la dernière compression; vous aurez alors la lutte entre deux barbaries, la barbarie de la démagogie et la barbarie des peuplades qui ne sont pas encore civilisées. Alors aussi vous vous écrierez : L'insurrection est le plus sain des devoirs, et vous ferez courir ce cri d'un bout de l'Europe à l'autre, ce ne sera pas difficile; mais aussitôt vous aurez un cri pour réponse: L'insurrection est le plus saint des devoirs, mais la coalition est le plus légitime des intérêts ! Guerre pour guerre! Sang pour sang ! Meurtre pour meurtre! et vous aurez à la fin de ce siècle ensanglanté tant de luttes et tant de batailles, que personne de nous ne peut en prévoir l'issue ni le dénouement final. (Mouvements divers.)

Voilà ce que je vous adjure de prévoir, ce que je vous adjure de vous dire à vous-mêmes, d'avoir à laisser dire franchement et hautement à cette tribune, ce que je vous adjure de peser et surtout de prévenir. Je ne suis pas inquiet pour l'honneur militaire de mon pays; je ne suis pas inquiet pour son glorieux drapeau; mais je le suis, et nous devons tous l'être, de la responsabilité de si formidables et pourtant de si certaines éventualités. Je vous en adjure au nom de votre patriotisme.

Messieurs, je vous ai déjà cité des anecdotes, je voudrais les repousser, mais enfin, il en est une encore que je ne puis écarter de ma pensée. Laissez-moi vous dire un mot qui vous touchera du général Hoche. (Ecoutez ! Ecoutez !)

Le général Hoche était à la tête de son armée de Sambre-et-Meuse; il avait trente-deux ans; il se sentait mourir le lendemain d'une victoire, à la veille de victoires qu'il rêvait encore, et il disait à son médecin : « Mon ami, donnez-moi un remède contre la fatigue, mais que ce ne soit pas le repos. »

Eh bien, ce capitaine, qui sentait qu'il avait besoin de rafraîchir, de vivifier ses forces vitales, croyait qu'il ne lui fallait pas un palliatif seulement ; ce capitaine, qui sentait en lui le génie de l'avenir, le génie des batailles et des conquêtes, qui sentait ses forces lui échapper, ce capitaine, messieurs, c'est la France !..... C'est la France qui vous dit aussi, à vous, ses médecins et ses amis : « Donnez-moi un remède contre l'anarchie, mais que ce remède ne soit pas le despotisme ; donnez-moi un remède, mais que ce ne soit point la prostration de toutes mes forces, l'anéantissement de mon influence sur le monde. »

La France, quand elle tient ce langage, messieurs, elle dit vrai ; elle est assez malade pour avoir besoin d'être sauvée ; elle est assez forte pour recouvrer toute son énergie ; elle vous le demande : c'est à vous, à cette heure suprême, qu'il appartient, vous le savez, de sauver Hoche et la France ; et c'est pour cela que je vous dis : Hâtez-vous et unissez-vous. (Vive approbation sur quelques bancs de la droite.

XXXII.

DISCOURS DE M. BERRYER.

Séance de l'Assemblée législative du 16 juillet 1851.

M. BERRYER. Je n'ai pas la prétention de répondre à tout ce qui a été dit devant nous aujourd'hui et dans la séance d'hier par l'orateur qui vient de descendre de la tribune, mes forces physiques et les facultés de mon intelligence n'y pourraient suffire ; mais, embrassant d'un coup d'œil, dans un résumé saisissant pour mon intelligence, tout ce grand parcours sur toutes les questions dont l'humanité peut être occupée, je vois une grande, une violente accusation au fond des choses élevées contre tout le passé. Il semble, si nous attachons à chaque partie de ce discours l'importance qu'il mérite, si nous pesons bien la gravité des questions qu'il a soulevées, la portée des émotions qu'il peut faire naître dans tous les esprits, dans les cœurs des hommes auxquels il parviendra ; il est évident que cette grande civilisation française, qui dure depuis tant de siècles, qui a tant progressé à la gloire de l'esprit humain, n'aurait été qu'une lutte continue, perpétuelle contre les principes naturels, contre les droits éternels, contre les droits fondamentaux de toute société humaine. Tyrannie ! tyrannie aveugle, implacable, tyrannie contre les grandes masses d'un peuple, c'est là l'histoire du passé de la France ! (Approbation à droite.)

Qu'il me permette de ne toucher aux différentes parties de son discours que dans les points qui répondent, selon moi, plus directement à la grande question qui est soumise à vos délibérations, et dans la discussion même de cette question seule, je ne veux pas m'égarer.

Je sais, et je ne saurais oublier que l'Assemblée législative n'a pas le droit, qu'il ne lui appartient pas de déterminer et de proclamer que des changements peuvent ou doivent être apportés aux institutions politiques qui nous régissent aujourd'hui.

L'Assemblée n'a qu'un vœu à émettre, et je dois dire tout d'abord quelle part nous avons prise, mes amis et moi, dans la préparation de ce débat ; nous n'avons pas même demandé que ce vœu de révision soit émis ; aucune proposition tendant à la révision n'est venue de nos mains se poser sur la tribune ; mais quand ce mot a retenti, quand on a parlé, pouvions-nous méconnaître que ceux qui demandaient la révision répondaient à un sentiment, qu'à moins de fermer les yeux à la lumière, on voit dominer le

pays ; qu'il y a un besoin , qu'il y a un désir de changement, que
cette révision est véritablement appelée ; je ne m'arrête pas à des
pétitions sollicitées ou senties d'une façon plus ou moins régulière
ou irrégulière : je dis que devant le pays, qu'en présence et en
souvenir des luttes qui nous divisent, qui agitent ce pays, depuis
trois ans , il est impossible de méconnaître que la demande d'une
révision , c'est la réponse à un besoin plus ou moins éclairé, mais à
un besoin manifeste du pays. Et certes , cette manifestation était
imposante pour nous , quand 233 membres de l'Assemblée avaient
signé la proposition.

Que devions-nous faire et qu'avons-nous fait ?

Nous qui sommes profondément convaincus et des vices et des
dangers des institutions actuelles ; nous que tout le monde sait
être sincèrement , persévéramment attachés à des principes tout
contraires , quand la révision était demandée , pouvions-nous
nous refuser à cet appel ? pouvions-nous ne pas adhérer ? Que
seraient devenus l'honneur, la loyauté, la sincérité des royalistes,
si, quand on demandait d'appeler le pays à revoir la Constitution
républicaine , ils s'étaient refusés à cet appel ? (Adhésion sur plusieurs bancs de la droite.)

Oui, nous avons demandé la révision ; mais ce n'est pas seulement pour satisfaire à des opinions politiques qui nous sont propres ; ce n'est pas pour satisfaire à nos pensées même sur le meilleur avenir du pays ; ce n'est pas pour satisfaire à des affections ,
à des instincts ou à des vues de parti, bien moins encore , je vous
supplie de le croire , mais c'est que nous avons jeté un coup d'œil
sur la situation présente de la France.

Deux dangers immenses nous paraissent menacer ce pays. Messieurs, il y a trois ans que nous avons vu des hommes, poussés
par le flot des événements sur les ruines et du gouvernement et
des lois, acclamer la République comme une digue élevée à la
hâte pour arrêter le torrent de l'anarchie. Cette République , nous
n'en avons pas repoussé la proposition, nous n'avons pas réclamé
contre ces efforts qui étaient tentés dans un moment de péril,
contre cette déclaration , qui nous saisissait d'une forme instan-
tanée, inattendue , imprévue de gouvernement , pour empêcher le
pays d'être emporté dans le désordre.

Nous n'avons pas protesté ; nous nous sommes unis, sous
toutes les formes et avec tous les hommes qui ont montré cette
résolution d'empêcher que le pays ne fût emporté dans la tempête.
Nous avons constamment , loyalement prêté notre secours ; mais
nous ne pouvons pas méconnaître que , dans ce laborieux effort
de trois années , la réunion de toutes les forces conservatrices
n'a pas été trop puissante ; nous ne pouvons méconnaître qu'il
faut être à la tâche depuis trois ans tous les jours et à toute
heure.

Et quel est d'abord le péril en face duquel nous sommes ? C'est
que la Constitution même, quand cette vigilance constante, quand

ce travail de chaque jour est si nécessaire à la préservation du pays, la Constitution même a marqué un moment qui s'approche, qui est devant nous, auquel nous touchons et où à la fois tous les pouvoirs publics, tout ce qui existe de ces préservatifs constitués subitement, instantanément en 1848, tout cela va être mis en question, tout cela va être suspendu, tout cela va s'arrêter : et l'Assemblée et le pouvoir exécutif, et tous les pouvoirs de l'Etat, tous, à un même jour, vont être suspendus, et ce torrent dont on craint le débordement, il ne rencontrera devant lui que des autorités, que des pouvoirs chancelants, à leur terme, et un intervalle encore entre l'apparition et l'action des pouvoirs qui leur doivent succéder.

Je dis qu'il y a là un danger : aussi la France en est-elle préoccupée. Et ce péril n'est pas le seul, il en fait naître un autre qui n'est pas moins grand à mes yeux. Oui, nous l'avons tous entendu, partout, de toutes les bouches; dans toutes les questions, dans toutes les affaires, dans toutes les relations de la vie, sur tous les points du territoire on craint, on redoute, on est effrayé de la crise que les termes mêmes de la Constitution préparent pour 1852.

Je ne veux pas insulter mon pays, je ne veux pas l'offenser, Dieu m'en garde! Mais, en présence d'un grand péril, il est, hélas! arrivé à cet état moral qui me fait craindre qu'il ne s'égare étrangement dans le choix du secours, de la ressource qu'il ira chercher pour obvier au péril. Non! non! je n'accuse pas le caractère de mes concitoyens; mais qui peut s'étonner qu'après soixante ans de révolutions successives, lorsque tous les systèmes, toutes les opinions, toutes les formes de gouvernements ont été tour à tour essayées, établies et vaincues, lorsque toutes les convictions tour à tour ont été inquiétées et brisées, lorsque toutes les illusions des hommes les plus généreux sont tombées devant la puissance exclusive des faits; qui peut s'étonner que la force morale, que la foi politique, que le zèle éclairé et ardent de la chose publique n'animent plus les cœurs, qu'il y ait de l'indifférence chez ce peuple ainsi labouré, qu'il y ait des préoccupations personnelles, individuelles, égoïstes, dominant tout en lui, qu'il ne lui faille plus aspirer à de grandes choses, mais demander seulement un repos de quelques jours, qu'on le traite en malade, à qui on fera le visage bon, sans guérir la maladie, et que cela lui suffise pour cette béatitude de quelques temps, de quelques moments de repos; qui peut s'étonner que, dans cet écrasement de sentiments généreux, ardents, passionnés, publics, politiques, il y ait cette faiblesse? Et je ne suis point injuste, quand je montre quels terribles événements ont pu ainsi altérer le généreux, le courageux caractère français. (Approbation à droite.)

Eh bien! que peut-il arriver dans ce pays? Qu'il fasse ce qui lui sera le plus commode, ce qui sera le plus facile; ce qui présentera la transition en apparence la moins agitée, la moins violente, ce qui menacera de moins de commotions profondes ; qu'il prenne ce qui est, qu'il le continue pour un temps plus ou moins long, mais qu'enfin, voulant éviter les secousses, la guerre civile, l'anarchie, qui l'inquiètent toujours, il se précipite dans ce remède détestable de violer la Constitution lui-même, de faire l'anarchie et le brisement des lois pour éviter ces malheurs ; je le crains, et pour bien préciser ma pensée, je ne redoute pas moins que l'invasion de nos ennemis, des ennemis de l'ordre social dans un jour de suspension, d'absence de tous les pouvoirs publics du pays, je ne redoute pas moins la réélection inconstitutionnelle du dépositaire actuel du pouvoir exécutif. (Approbation sur plusieurs bancs de la droite. — Mouvements divers.)

Messieurs, j'ai une longue carrière à parcourir, je le vois. Au premier mot que j'ai prononcé, je me promettais d'abréger, de resserrer la discussion ; mais dans le besoin que j'ai de répondre à l'attention que vous m'accordez, je sens que le cercle s'agrandit, et je vous demande de ne pas précipiter vos jugements sur les différentes parties du discours que je vais prononcer devant vous, et de ne pas exclure immédiatement d'autres propositions par cela seul que je ne les émets pas tout d'abord.

Je le dis donc, nous n'avons pas demandé la révision. La révision demandée, par conscience, par honneur, par franchise, les royalistes devaient l'appuyer et la demander aussi. (Interruption.)

M. MIOT. Il y en a donc ici ?

M. BERRYER. Vous en étonnez-vous ?

A GAUCHE. Parlez ! parlez !

M. BERRYER. Je le répète, ce n'est pas par la seule préoccupation de leur principe monarchique, c'est en vue de cette double situation périlleuse du pays que je viens de caractériser, qu'ils ont pensé, que nous avons pensé que la convocation d'une Assemblée de révision, que la réunion d'une Assemblée ayant en elle tous les pouvoirs de la société, était peut-être la force indispensable dont il fallait s'armer à l'avance,

La révision demandée, il suffirait, ce semble, d'en donner les motifs généraux ; mais on va plus loin, on veut en prévoir les résultats, et c'est ici que les principes se sont mis en présence les uns des autres.

M. Michel (de Bourges) a développé les siens à travers des théories qui, il me permettra, et je m'en humilie, de le lui dire, n'avaient pas été parfaitement saisissables pour mon esprit ; à travers ces théories, il nous a fait entrevoir les conséquences de ses principes avec une grande autorité de parole, de langage, et, je veux dire, de raison ; il nous a rappelé comment les conséquences se lient étroitement aux principes ; il nous a dit suffisamment comment est implacable la logique qui entraîne et qui appelle les conséquences. Nous n'avions pas besoin d'être avertis par lui de cet enchaînement invincible des principes et des conséquences. Nous n'avions pas besoin des paroles ; les faits , et des faits bien récents, nous l'ont montré.

Je ne veux pas dresser des accusations. Je ne veux pas exploiter ce qu'il appelait tout à l'heure des arguments sans valeur ; mais quand on garde des principes et qu'on lutte avec eux contre des principes contraires , qu'il soit permis , au moins , de montrer dans des faits immenses , dans des faits récents, quelles conséquences les principes que nous combattons, jetés dans l'esprit des masses , ont amenées au fond des intelligences.

Les conséquences du principe que vous défendez, nous les avons vues ici , dans cette enceinte ; ces principes , ils ont reçu leur interprétation le 15 mai , quand l'enceinte des lois était violée; ces principes, ils ont reçu leurs conséquences dans ces terribles journées de juin , dont je ne veux pas faire la peinture , qui nous ont tant coûté , dont l'effroi est encore si puissant sur tous les esprits. Et vous-même , voyez ! malgré la séparation que vous avez voulu faire aujourd'hui et de l'avenir et du passé , voyez où peut aller la logique dans ce lien étroit des principes et de leurs conséquences ; voyez quelles conséquences du principe que vous exaltez vous avez acceptées vous-même ! Nous vous avons entendu accorder , et en quels termes , un hommage aux souvenirs les plus détestables des plus mauvais jours , à des hommes dont le nom est attaché à des temps , à une époque que le sens moral de l'humanité tout entière a maudits. Je ne crains pas d'exagérer le sentiment des hommes de bien , de vous-même , car à travers la défense de la doctrine et de la théorie que vous présentiez , vous en montriez la répulsion; mais je peux dire que ces hommes que vous avez appelés des hommes superbes ont commis , en quatorze mois , dans cette malheureuse France , plus de crimes que toutes les passions , toutes les ignorances, toutes les ambitions, toutes les perversités humaines n'en ont peut-être fait commettre pendant quatorze siècles. (Applaudissements et bravos prolongés sur les bancs de la majorité.)

Eh ! mon Dieu ! que vous repoussiez pour l'avenir ces abominables chances pour notre patrie , ah ! je le comprends ! Mais vous nous accordez bien peu quand vous dites que ce ne sera pas là son état normal. (Nouvelle approbation et rires ironiques à droite.)

Et enfin , avec votre grande et vive imagination , vous qui êtes si puissamment , si profondément , si nerveusement impressionné , avez-vous songé aux autres ? (Murmures d'approbation à droite.)

Avez-vous pensé qu'il y avait ici des fils, des neveux, des proches des victimes? Avez-vous songé que c'était à la nation la plus impétueuse sans doute de la terre, mais aussi, quand elle est dans le calme de sa vraie nature, la plus humaine, la plus loyale, la plus généreuse..... (applaudissements et bravos à droite), avez-vous songé que c'est à cette nation que vous avez dit, en parlant de ces temps horribles : Peuple, voilà ton Iliade !

(Explosion de bravos et applaudissements répétés à droite et sur divers bancs du fond de la salle et de la gauche.)

Vous êtes du peuple, dites-vous; vous êtes le fils de vos œuvres. Je le suis des miennes, je suis plébéien comme vous; je suis mêlé au peuple comme vous; je ne le suis pas moins que vous; je l'approche, je le secours, je le plains autant que vous! (Bravos répétés et applaudissements prolongés sur les bancs de la majorité.) Je le connais, ce peuple, il ne cédera pas à ces excitations funestes; il recueillera ses souvenirs (il en a de récents); il interrogera les souvenirs de ses pères, il comptera ce qu'il a eu de misères, ce qu'il a eu de souffrances, ce qu'il a eu d'égarements, de honte, quand vous avez été ses maîtres, quand il a obéi à la voix de ces enfants du doute qui prétendent être la raison elle-même!..... (Vives acclamations sur les bancs de la majorité. — Applaudissements répétés et prolongés.)

Et nous, nous, mes amis, nous, il serait vrai de dire que, nous aussi, inévitablement emportés sous le joug impérieux de ces principes et de leurs conséquences, malgré nous, sans le vouloir, sans le savoir, nous dit-on, nous serions pareils à vous!..... Et pourquoi? Parce que nous ne sommes pas des insensés! parce que nous reconnaissons le travail des temps, les progrès, les changements, les modifications inévitables d'une société qui marche, qui se développe par son industrie, par ses travaux, par ses richesses, par son intelligence; parce que nous reconnaissons ces transformations de la société, parce que nous revendiquons les grandes réformes de 1789, parce que, à la suite de quatorze siècles, nous voulons et nous réclamons les institutions politiques, les libertés publiques dont le principe fut alors consacré. Nous sommes entraînés, dites-vous; la monarchie est incompatible avec ces principes; vous êtes républicains, car il n'y a que la République qui puisse réaliser tous ces progrès.

Ah! quel souvenir avez-vous donc d'une histoire bien récente, et quel orgueil vous anime de venir confondre ces années que vous groupez, que vous embrassez dans une même pensée, comme dans une sorte de lien, de conséquences naturelles, la République et 1789! Mais la République a égorgé les plus nobles fondateurs de la liberté de 1789!... (Bravos et applaudissements à droite et au fond de la salle.)

Et vos amis, et Thouret, et Bailly, et Chapelier, et tant d'autres que je pourrais citer, qui ont fondé les institutions de 1789, ils sont tombés sur les échafauds de la République! (Bravos! bravos!) Ah! il y a une distance immense entre vous et 1789: ses principes, ses grandes réformes que nous revendiquons pour notre pays, que nous saurons y maintenir, auxquels nous avons engagé notre vie. Ce n'est pas d'aujourd'hui que vous me connaissez, vous, en particulier; nous avons suivi la même carrière, vous me connaissez depuis les premiers jours de la Restauration, vous savez si je n'ai pas été fidèle à ce principe de 1789; mes amis ne le sont pas moins que moi.

A DROITE. Non! non!

M. BERRYER. Mes amis veulent les défendre; ils les appellent pour le gouvernement de la société française; et, prenez-y garde, quand vous dites que la monarchie est antipathique avec eux, vous oubliez que la grande œuvre de 1789, provoquée par le plus vertueux des rois, provoquée par le grand martyr, Louis XVI; que cette grande œuvre de 1789 était fondée sur le principe d'hérédité de la souveraineté publique. (C'est vrai! c'est vrai!) Où allez-vous donc chercher les incompatibilités?

Eh! mon Dieu, je ne veux pas dire que la République n'a laissé que des ruines, mais elle a laissé des libertés étrangement violées. Vous nous parliez du jury, je ne sais à l'occasion de quoi : Était-ce les vingt-quatre stipendiés du tribunal révolutionnaire qui étaient le jury de la Constituante? La République, elle a laissé des souffrances, des libertés, je le répète, violées, conspuées par elle-même, et elle a livré au despotisme, elle, et malheureusement beaucoup d'hommes dont l'honneur eût été de demeurer parfaitement fidèles aux principes d'indépendance et de fierté qui la leur avaient fait proclamer. Tout cela a été livré au despotisme.

L'incompatibilité de la monarchie! Mais permettez-moi de vous le dire, qui est-ce qui a ramené le gouvernement représentatif? Qui est-ce qui a rendu à la France les principes de liberté de 1789? Qui est-ce qui les a remis en honneur et en pratique de notre pays? Qui est-ce qui a promulgué les actes d'où émane la jouissance que nous en avons eue pendant trente années? c'est la royauté.

Ah! la royauté, avez-vous dit, a pu proclamer ces principes; elle a eu de bons commencements; mais elle était antipathique; elle ne satisfaisait pas aux besoins naturels du peuple; elle était antipathique, avez-vous ajouté, par un système d'élection trop restreint. Je dirai que les plus ardents royalistes, aux premiers jours de la restauration, voulaient faire descendre le cens je ne sais plus à quel chiffre extrêmement infime, mais peu importe; quoi qu'il en soit, selon vous, la royauté a voulu avoir le capital représenté et le travail non représenté.

Le travail est immolé par la royauté!...

Eh bien! la concurrence des droits égaux du travail et du capital a été fondée en 1789. Voilà comment la royauté leur est antipathique!

Mon esprit s'égare, il se confond. D'ailleurs, je crois que, dans les grandes réformes de 1789, la coexistence, la concurrence, l'action réciproque, transitionnelle du travail et du capital n'étaient pas l'œuvre d'un jour; je crois que cela date du premier jour du monde : capital et travail n'ont pas cessé d'être en présence.

Que vous disiez à celui qui, péniblement, ramasse chaque jour le salaire tant arrosé de ses sueurs , que vous lui disiez , pour lui troubler l'âme, pour lui égarer la raison : Le capital est un despote monarchique qui t'écrase, qui te pressure, qui flétrit la mamelle où tu t'alimentes; que vous égariez sa raison et passionniez son esprit dans les douleurs, dans les privations, au milieu de sa famille, ah ! n'en avez-vous pas quelque généreux effroi ! Et pourquoi dire, pourquoi énoncer sous ces formes trompeuses ce qu'il y a de plus banal , ce qu'il y a de plus trivial, ce qu'il y a de plus vulgaire , ce qui ne touche en rien à la question de telle ou telle forme de gouvernement, ce qui n'est qu'une question de bien ou de mal gouverner , de bonne ou de mauvaise administration, ce qui est, au monde , le plus étranger à la forme du gouvernement, c'est-à-dire l'administration habile, sage , paternelle, qui sait imprimer un mouvement qui, donnant au capital la confiance, le fait se répandre, donne au travail son activité et lui assure sa participation au capital.

Voilà ce qui est une question de bon gouvernement , voilà ce qui est une question de bonne administration , voilà ce qui est le résultat de sages lois; mais cela ne touche pas la question de la forme du gouvernement ; la situation du capital et du travail n'est pas différente, parce qu'on sera en République ou parce qu'on sera en Monarchie. Que la République inquiète , que la République trouble , que la République menace d'un avenir trop court, et peut-être d'un avenir orageux , aussitôt elle tue les rapports du capital, elle tue le travail, elle paralyse cet écoulement naturel de l'argent pour le salaire , du travail vers l'argent pour en recevoir le salaire.

Voilà ce que les gouvernements faibles , les gouvernements oscillants, les gouvernements soumis à des transformations quotidiennes, journalières, suivant les caprices de la place publique, présentent de mal. Véritablement, Messieurs, on abuse des exemples. Mon Dieu, quand on regarde vers le passé, on a un grand avantage. La monarchie , à travers toutes les erreurs, toutes les faiblesses , tous les vices qui sont attachés à l'humanité, elle a duré quatorze siècles; on a un long espace à parcourir pour y saisir des fautes, des jours mauvais, et les lui reprocher, comme si c'était la conséquence même de son principe. La République, cette République qui doit être éternelle , cette République est , selon vous, la grande condition de l'avenir ; nous ne l'avons connue qu'un jour. Elle s'est défendue , dites-vous ; mais le système de défense nous a fait horreur, mais les misères qui en sont résultées ont pesé pendant vingt années sur la nation française ! Je ne veux pas abuser de ce que vous avez duré trop peu, n'abusez pas de ce que nous avons duré beaucoup. (A droite : Bravo ! bravo!)

Pour revenir à l'époque dont vous parlez, je dirai que cette restauration, puisqu'il faut que je prononce son nom, la royauté, la royauté héréditaire, la souveraineté publique de France, la souveraineté nationale transmise dans l'ordre de la foi fondamentale, dans l'espace de temps qu'elle a parcouru, a fait pour le peuple, non pas par des théories vagues, mais par des faits, par de sages lois, ce qu'il y avait à faire, la seule chose qu'il y avait à faire ce qui valait mieux que les problèmes philosophiques que vous jetez en pâture à des esprits qui ne les comprennent pas ; elle a fait renaître le travail, elle a fait sortir une prospérité sans égale.

Calculez, je vous prie, du jour où elle a été libérée du passé, des guerres, des malheurs dont on l'accusait, comme si elle avait été chercher la guerre au loin ; calculez du jour où elle a fait ce pacte de 1818, rachetant le succès de l'Europe, victorieuse un jour ; calculez depuis ce moment de 1818 combien se sont développés, d'année en année, cette immensité de travail, cette réalité de richesse, cette dispersion du capital entre les mains des travailleurs, cet accroissement de la propriété sans bornes aux yeux de l'imagination, et je demanderai à ceux qui ont comparé la valeur et des biens immatériels, immobiliers et de toutes les richesses mobilières de la France, leur valeur en 1815 et leur valeur en 1830, je demande à tous ceux qui peuvent faire cette comparaison, et elle est facile, s'il n'y a pas eu un accroissement considérable de richesse ? La richesse, elle ne naît que du mouvement, de la circulation, de la confiance, du travail, de la facilité de sa multiplication et de la distribution des richesses entre les mains de ceux qui ont travaillé.

Voilà ce que la restauration a fait pour le peuple, par des faits et non par des théories qu'on peut encore aujourd'hui permettre à l'avenir, mais dont on serait bien embarrassé de faire accepter par un esprit raisonnable la réalisation possible, au point de vue abstrait où on les envisage. (Approbation à droite.)

Vous avez dit que la royauté était antipathique, et, en la remerciant de nous avoir délivrés du despotisme, vous dites qu'elle nous a aussi délivrés de la gloire.

Non, non, ce jeu de mots n'est pas permis. La royauté a été, plus qu'aucun pouvoir du monde, jalouse de la dignité, de l'honneur de la France. Dans des jours de lutte et de contradiction, j'ai demandé qu'on citât une dépêche de ce gouvernement qui n'exprimât pas hautement la jalousie la plus ardente et la plus noble de la dignité du gouvernement français, et on m'a dit qu'elle n'existait pas.

A DROITE. Très bien ! très bien !

M. BERRYER. Il restera, pour ce gouvernement, qui a voulu maintenir les bienfaits de la paix, il restera l'honneur que vous ne deviez pas oublier, l'honneur d'avoir sauvé la Grèce, de l'avoir délivrée de la tyrannie ottomane...

M. LE GÉNÉRAL FABVIER. Je vous demande pardon..... (Exclamations générales. — N'interrompez pas ! N'interrompez pas !)

M. LE PRÉSIDENT. Eh ! laissez donc . c'est intolérable ! N'interrompez pas !

M. BERRYER. Vous y étiez, général ?

M. LE GÉNÉRAL FABVIER. Par Dieu ! et le peuple grec ! (Violentes exclamations.— N'interrompez pas ! N'interrompez pas ! — A l'ordre ! A l'ordre !)

M. BERRYER. Par Dieu, sans doute, général, oui, le bien vient de Dieu ou des inspirations de Dieu. Rien sur la terre ne se fait qu'en obéissant à ses commandements, qu'en marchant sous ses lois, rien de bien qui ne vienne de Dieu.

Mais n'oubliez pas, dans l'humilité de votre individu, que vous avez été autorisé vous-même à prendre part à cette campagne glorieuse, et que vous avez été du nombre de ceux qui ont consacré l'indépendance de la Grèce.

M. LE GÉNÉRAL FABVIER. Mais non.

DE TOUTES PARTS. N'interrompez pas ! N'interrompez pas ! — A l'ordre ! A l'ordre !

M. LE PRÉSIDENT. C'est scandaleux, ces interruptions-là ; je vous rappellerai à l'ordre. C'est une personnalité intolérable.

M. BERRYER ; s'adressant à M. le général Fabvier. Eh ! mon Dieu, général, si vous y tenez, dites que vous n'y êtes pour rien, je vous le permets. (Rires approbatifs.)

(M. le général Fabvier fait un geste.)

M. LE PRÉSIDENT. N'interrompez donc pas ceux qui parlent bien, au moins.

M. BERRYER. Et plus tard, il restera encore pour la restauration la gloire d'avoir anéanti cette piraterie séculaire dont l'Europe tout entière était tributaire, et que lui faisaient supporter les barbaresques. Enfin, vaincus par la royauté française, quand la royauté espagnole et la grande puissance anglaise avaient échoué dans cette tentative... (Vive approbation à droite.)

Et plus tard ; oh ! je ne sépare pas la gloire pour un gouvernement qui a été préoccupé de développer ainsi le bien-être public, la prospérité nationale, le travail et les industries. Je l'ai dit un autre jour : je ne veux pas avoir l'air de jeter ces éloges en échange des oppositions que des esprits malveillants tentent de faire naître ; mais vous n'avez pas perdu le souvenir de ce que j'ai dit ici à la gloire de ceux qui, à l'époque où je me trouvais dans l'opposition, ont soutenu si noblement la dignité française, l'honneur français, l'autorité du nom de français. (Nouvelle approbation à droite.)

La restauration, en particulier, a fait deux choses ; elle a fait d'abord l'indemnité des émigrés.

Eh bien, je n'hésite pas à le dire, les temps sont arrivés pour que le jugement soit équitable ; l'indemnité des propriétaires spoliés a été un grand acte de justice, de sagesse, de prévision sociale. (Très bien !) La propriété, cette condition fondamentale de toute société, avait été violée ; la propriété a été vengée, et la

confiscation , cette peine horrible , cette peine qui punit les générations par la privation de successions légitimes , la confiscation effacée de nos lois par Louis XVIII et par la Charte de 1814,
n'a été abolie invinciblement que quand , par l'indemnité, on a
dit : Les spoliations seront inutiles et vaines ; elles seront réparées
tôt ou tard , car le droit sacré de propriété est sacré , et l'atteinte
qui lui est portée doit être réparée un jour. (Applaudissements à
droite.) Oui l'indemnité est une grande chose; justice a été faite
en vengeant la propriété violée et en consacrant à jamais l'abolition de la confiscation. (Nouveaux applaudissements à droite.) La
restauration a fait autre chose : elle a proscrit les régicides, vous
l'avez dit : ils sont rentrés plus tard. Mais comptez combien d'attentats , de régicides ont été essayés à partir du jour où ces grands
coupables ont été ramenés dans le pays. (Rumeurs.) Comptez
toutes ces tentatives d'assassinat sur le chef de l'Etat !

Voilà l'œuvre de la restauration que vous avez condamnée. Maintenant , dites-vous , après avoir reconnu les droits , elle les a vio-
lés, tant il est vrai que la royauté est incompatible avec les principes sur lesquels ces droits politiques reposent.

Messieurs, je ne sais rien défendre de ce que j'ai combattu ;
je ne sais rien défendre contre la vérité ; mais je demande la vérité tout entière ; mais n'oubliez pas qu'au jour où l'on proclame
la liberté en France , qu'au jour où on annonce une liberté de
plus , et c'était une nouvelle liberté que la Charte de 1814 , après
la Constitution de l'Empire , le jour où en France on annonce
une liberté de plus , il y a des hommes de licence qui envahissent
à l'instant même. Une lutte s'engage , il faut se défendre ; la liberté voulue , désirée , reconnue , devient dangereuse ; il la faut
malheureusement protéger , et vous l'avez vu de nos jours sous la
République. Je sais bien que vous pouvez dire qu'on fait des
lois pour la dictature , pour la dictature de la majorité. Mais
enfin , sous la République même , a-t-il été possible de proclamer une liberté de plus sans voir les hommes de licence exagérer
à l'instant , engager une lutte , une lutte à laquelle a voulu résister
tout gouvernement !

Et le gouvernement de 1830. Quelle est la pensée qui a dominé
ceux qui ont complété la révolution de juillet ? Il y a eu un grand
malheur sous la restauration, il y a eu cette lutte de l'esprit de licence
contre la liberté en présence de libertés nouvelles. Il y a eu un
autre malheur, je dois le dire. Les hommes qui avaient vécu, cette
génération encore vivante qui avait été spectatrice des excès de
la République , spectatrice et victime, cette génération qui avait
eu le malheur d'être contrainte à se réfugier à l'étranger et à chercher dans l'épée d'un gentilhomme une arme contre le mouvement du peuple; cette génération , oui, elle a eu trop peu de
confiance dans la liberté ; elle a été alarmée aussitôt qu'elle a vu
naître les luttes. Le pouvoir n'a pas eu assez de confiance dans la
liberté même qu'il avait voulue.

Mais je demanderai à tous, quand les expériences sont faites par tout le monde, si à celle-là aussi, la liberté n'a pas eu aussi trop de défiance pour le pouvoir; mais enfin il l'a fallu; on a fait sous la restauration des lois répressives, des lois préventives même à certaines époques, dans les commencements surtout. Elles ont existé. Et n'avez-vous pas vu sous cette révolution, sous ce gouvernement créé en juillet, créé par les hommes qui y ont adhéré avec le plus d'ardeur et le plus de chaleur, non pas ceux qui voulaient se faire de la révolution un moyen d'amener la République et l'anarchie; non ceux qui, la révolution se faisant, ce grand ébranlement étant donné, après les coupables et fatales ordonnances, le grand ébranlement étant donné, ont voulu sauver du moins le gouvernement constitutionnel, les libertés politiques, qui ont fait un gouvernement pour la conservation de ces libertés, ceux-là même n'ont-ils pas été obligés d'introduire des lois de prévention, des lois répressives, et de disputer pied à pied ces libertés pour la conservation desquelles ils avaient fait un gouvernement?

Voilà l'histoire du passé.

Mais, encore une fois, de ce que la royauté, dans des temps de révolution, lorsque les esprits sont emportés, qu'ils ont pu l'être sous des paroles telles que les vôtres, lorsqu'il y a des luttes, que ces libertés ne soient pas abandonnées selon toute la plénitude de la volonté, qu'on y apporte des restrictions, hélas! inévitables, cela ne fait pas que, comme vous l'avez dit, la royauté soit antipathique au principe de liberté, aux institutions constitutionnelles, aux grandes libertés politiques que 89 a créées, que nous réclamons, que nous vengerons, que nous maintiendrons et que nous appelons au secours de l'avenir. (Approbation dans une partie de la droite.)

Ici, permettez-moi de répondre enfin à un mot que vous avez retiré tout à l'heure à peu près, mais que vous avez reproduit hier, qui devrait sortir de la bouche et de la pensée des hommes sérieux.

La royauté est antipathique à la France, et surtout celle qui prétend être de droit divin.

Entendons-nous!

Jamais expression, jamais pensée plus fausse n'a été produite dans le monde. Il n'y a qu'un droit divin, il n'y a qu'une loi divine, c'est la loi même de la création de l'homme; il doit vivre en société, il est fait pour vivre en société. L'existence de la société, l'être de la société dans les conditions essentielles, voilà la loi divine, voilà le droit divin; il n'y en a pas d'autre. Point de société sans religion; point de société sans famille; point de société sans droit de propriété. Et remarquez-le bien, quand vous dites à la royauté dont je vais parler tout à l'heure qu'elle est incompatible, parce qu'elle se prétend de droit divin, vous, vous menacez ce qui est vraiment de droit divin, ce qui seul est de droit divin! Vous menacez les conditions essentielles de la société, les conditions sans lesquelles aucune société ne peut demeurer dans le monde.

Allons au-delà des paroles, au-delà du cercle habile dans lequel vous avez enfermé cette longue lutte du capital et du travail; pénétrons au fond de la pensée. Le droit de propriété, le droit de transmettre la propriété, ce droit qui est le lien de la société humaine, le respectez-vous? Non; vous le menacez au moins.

Ainsi, il n'y a qu'une chose divine au monde; il n'y a qu'une loi divine, c'est la vie de l'homme en société. Mais la forme sous laquelle telle ou telle société se conduit, cette forme est une institution humaine. Dieu n'est pas venu dire à un tel : Tu seras roi! Les sociétés peuvent vivre en République, en monarchie héréditaire, en monarchie élective. Mais toujours les sociétés, dans ces conditions divines de religion, de famille, de propriété, peuvent subsister sous toutes les formes de gouvernement.

A GAUCHE. Très bien !

M. BERRYER. Je ne vous dis pas qu'une société ne peut pas vivre en République; ne me dites pas qu'une société ne peut pas vivre en Monarchie. (Rires approbatifs à droite.) Oui, à cela près que la Monarchie, dans son gouvernement nécessairement paternel, protége toutes les conditions essentielles de la société, à cela près que dans vos idées, dans vos spéculations, dans vos téméraires théories, vous menacez ces conditions essentielles et divines, je vous accorde et je répète qu'une société peut être aussi bien en République qu'en Monarchie. C'est là la forme qui est d'institution humaine; c'est là la forme qui est éternellement discutable; c'est là ce qui est livré aux passions, aux jugements, aux volontés des hommes.

Sans doute, la République laissera sur la discussion, quant à la forme du gouvernement, auprès de ceux qui l'envisagent sous les formes peu sociales sous lesquelles vous l'envisagez, elle laissera une grande liberté de discussion, très grande, je le crois ; vous en avez besoin; je comprends aussi que l'honorable général Cavaignac, qui a été capable d'exercer un grand pouvoir public en France ; que le général Cavaignac, qui a défendu l'ordre d'accord avec la majorité, dont il est aujourd'hui si malheureusement séparé....

M. LE GÉNÉRAL CAVAIGNAC. Je demande la parole.

M. BERRYER.... Je comprends que l'honorable général Cavaignac ait pu dire qu'un gouvernement était perdu quand il laissait discuter son principe. Cela est vrai! Pourquoi un gouvernement est-il perdu, si la discussion du principe de ce gouvernement est livrée aux examens, aux volontés, aux caprices, aux témérités des hommes qui composent la société? Cette discussion est livrée, en droit, je le reconnais, à l'intelligence qui conteste, qui juge, qui apprécie. Aucun gouvernement ne peut se soustraire à cette discussion ; mais s'il laissait la liberté illimitée de discussion persévéramment... mais ce gouvernement manquerait au premier de ses devoirs; n'est-il pas évident qu'il ne peut laisser s'agiter ainsi la question de savoir si on le gardera ou si on ne le gardera pas, si l'on modifiera la forme du gouvernement sous lequel marche, grandit une société, qui lui offre toutes les conditions de vie et de stabilité ; n'est-il pas évident que si ces questions sont remuées sans cesse, il n'y a pas pour le peuple, il n'y a plus pour le pays de loisir de vivre en repos, de penser à ses arts, à son industrie, à ses affaires, et même à sa famille ? N'est-ce pas aussi évident que la lumière du jour !

Ne reprochez pas à un gouvernement qui a acquis ses titres, à un gouvernement qui est éprouvé, à un gouvernement qui a montré par expérience qu'il pouvait remplir sa tâche et qu'il était capable de satisfaire aux besoins, aux intérêts comme à l'honneur d'un pays ; ne lui reprochez pas de demander aux peuples de respecter et de ne pas discuter sans cesse le principe qui les protége, le principe qui fait leur puissance, leur grandeur et leur prospérité ; oui, les gouvernements, alors que leur principe a prévalu, alors qu'ils sont établis, quand ils ont fait leurs preuves et se sont montrés propres à leur tâche, les gouvernements doivent se refuser à la discussion perpétuelle de leur principe. (Rumeurs mêlées d'approbation.)

Mais ici, permettez-moi de vous le dire, vous touchez à une grande question de devoir gouvernemental, je dirai à une grande question de devoir national ; oui, quand une société vit, quand elle prospère, quand elle s'étend, eh ! mon Dieu ! cela n'a pas manqué à la société française ; ce pouvoir, cette vieille institution de la monarchie avec ces quatorze siècles qu'elle a duré sous trois formes, et les huit derniers siècles, n'ont eu qu'une même loi ; cette royauté de quatorze siècles, ce principe permanent, avait-il manqué à sa tâche ?

Quoi ! il nous a conduits, il nous a secondés, depuis les mœurs farouches des compagnons de Clovis jusqu'aux grands établissements de saint Louis, jusqu'aux belles économies de Louis XII, jusqu'aux pacifications d'Henri IV, jusqu'à cette magnifique société de Louis XIV, jusqu'à cette pensée généreuse qui anima les premières années de Louis XVI, jusqu'à cette époque où l'ascendant de la France, non pas seulement l'ascendant mercantile, industriel, nos possessions de l'Inde, la richesse de nos colonies, l'Angleterre humiliée, toute cette puissance de la France au dehors, mais encore l'ascendant de la France dominant par le goût, par les arts, par l'intelligence, par tout ce qui met l'homme au-dessus de lui-même. Eh bien, la royauté, ce principe persévérant et fixe, a-t-il trahi sa tâche, a-t-il manqué à la nation ? Cette société était-elle diminuée, était-elle restée dans la barbarie, les préjugés, l'ignorance des siècles antérieurs ? Vous nous apportez de grandes théories sociales, vous aspirez à une réforme complète de la société, vous vous êtes livrés laborieusement à l'étude dans les faits et dans les livres. Ah ! dites-nous donc, dites-nous, si en effet, cette royauté, cette grande autorité n'a pas

rempli son devoir péniblement à travers les siècles , et si la France
est restée ce qu'elle était sous ce que vous appelez la tyrannie des
temps anciens, sous la tyrannie royale , sous la tyrannie du principe héréditaire. Non ! non ! elle avait un devoir à remplir. Quand
un principe a été protecteur , quand il a été bon pour un grand
peuple , quand ce peuple s'est magnifiquement développé sous sa
loi ; c'est un devoir de faire respecter et de ne pas laisser mettre
en discussion par les esprits les plus téméraires , par les théori-
ciens quelquefois les plus aveugles , mais les plus hardis , de ne
pas laisser discuter perpétuellement, injurier même ce principe conquérant, sauveur, pacificateur et civilisateur. (Applaudissements
à droite.)

Maintenant, vous m'y amenez, vous me poussez dans la question ; ce que je dis du devoir du gouvernement, c'est encore le
devoir des peuples. Leur bon sens , leur intelligence, le sentiment
de leurs maux, non pas la timide , mais la juste et clairvoyante
appréciation du péril , doivent aussi ramener les peuples au principe sur lequel la société a été fondée ; c'est en rentrant dans leur
principe que les Etats affaiblis, ébranlés par de grandes calamités,
c'est en proclamant leur principe, en s'y attachant fortement,
qu'ils se sauvent et qu'ils sortent des périls qui peuvent abîmer
une société. Ah ! nos pères nous en ont donné l'exemple ; et si ,
dans des temps de guerres intestines ; si, après de malheureuses
divisions au sein de notre pays ; si la couronne de France n'a pas
été portée sur la tête d'un roi d'Angleterre, c'est parce que la
France , jalouse du principe fondamental de sa société, l'a invo-
qué, l'a maintenu, l'a proclamé, pour repousser l'Anglais par
delà ses rivages. (Bravos à droite.)

Et voyez, dans un autre temps, cette sagesse de nos pères.
Ah ! Messieurs, il y a eu des jours mauvais, il y a eu des guerres
désolantes, des guerres au nom du Dieu de paix, des déchirements
au nom du Dieu de charité, des guerres religieuses, en un mot,
qui portaient à tenter la République ; alors , dans l'excès des égarements et des passions , comment la France s'en est-elle sauvée ?
comment est-elle arrivée aux grandes pacifications de Henri IV ?
en rentrant dans son principe, en le proclamant, en l'invoquant,
en le faisant triompher de toutes les passions et de toutes les ambitions Voilà le passé. (Adhésion à droite.)

Messieurs, je ne veux pas aller plus loin. Je l'ai dit en commençant, l'Assemblée doit exprimer un vœu de révision. L'Assemblée
ne doit pas déterminer et voter ce que l'Assemblée de révision a
seule le droit de délibérer et de faire. Mais quand vous nous dites
que la royauté est incompatible avec les principes de 89, quand
vous faites tomber sous cette même accusation les deux derniers
gouvernements , et celui de l'autorité traditionnelle et celui de
l'autorité acclamée pour sauver les formes et les principes du gouvernement représentatif. Quand vous nous dites cela , permettez-
nous , à notre tour , de vous demander si c'est sérieusement que

vous venez dire à cette vieille France qu'elle est républicaine (mouvement presque général d'hilarité), si c'est sérieusement, après l'expérience que vous avez faite.

La France républicaine ! la France qui a reçu l'acclamation de la République à Paris comme vous ne pouvez pas nier qu'elle a été reçue de l'immense majorité du pays ; la France qui a fait de vos circulaires et de vos commissaires ce que vous savéz (nouveaux rires à droite)... la France à qui vous reprochez, en trahissant ainsi le secret des choses, qu'elle n'est pas républicaine... à qui vous reprochez d'avoir embrassé la République, parce qu'elle a un Président qui est prince, se disant, ou que quelques autres disent être un prince prétendant ; la France qui a eu le tort de vous envoyer une majorité composée de quoi? vous disiez, vous, tout à l'heure d'hommes monarchiques ; cette France est républicaine ?

Mais quand vous vous plaignez du choix des hommes qui composent la grande majorité de l'Assemblée ; quand vous les appelez monarchiques dans leur origine et dans les principes qu'ils ont au fond du cœur ; car ne vous y trompez pas, il y a ici beaucoup d'hommes qui sont décidés à la révision fondamentale de la Constitution, mais il y en a un très grand nombre qui croient que c'est une témérité, qui ne trouvent pas les périls dont nous sommes préoccupés assez menaçants ; qui disent qu'il y a une nouvelle expérimentation à faire ; qu'il faut gagner du temps, et qui n'ont pas plus de foi que nous dans l'avenir que vous prétendez être l'avenir naturel, légitime, nécessaire de cette société française... non, Messieurs, non ; par ces faits bien manifestes, la France n'est pas républicaine ; je dirai qu'elle ne peut pas l'être.

Eh, mon Dieu ! que lui voulez-vous ! Quand vous nous promettrez l'avenir de la République exprimé et peint si clairement, et d'une façon si saisissante pour tous les esprits, est-ce que nous devons, dans les entraînements nécessairement subis par des hommes qui ne maudissent pas 89, courir au devant de votre République ? Quelle est donc cette République que vous promettez pour l'avenir? Je la réduisais tout à l'heure à une question d'administration, à une question qui peut toucher fondamentalement le ministre des travaux publics et le ministre du commerce, fondamentalement, car c'est là à peu près la limite de leurs pouvoirs.

Vous l'étendez plus loin, et vous voulez une République qui ne soit pas une République antique : je le comprends bien ; mais j'ai peur qu'en repoussant les républiques antiques, vous n'y soyez conduits par une grande vérité politique : c'est que la France, individualisée comme elle l'est par la suite des révolutions, par l'établissement parfait de cette égalité politique et sociale à laquelle aucune royauté n'a manqué, c'est que cette grande réunion, cette grande collection d'individualités dégagées les unes des autres, séparées et éparpillées, étendues et errantes dans la seule action de leurs intérêts personnels, qui ne sont pas, comme les sociétés antiques, liées par des communautés d'intérêt, qui n'ont pas des agrégations d'hommes et d'intérêts communs, qui ne forment pas, en un mot, une fédération de positions sociales, comme les Etats-Unis qui vivent par une fédération de territoires ; c'est que cette societé-là, quand vous repoussez pour elle la forme des républiques antiques et de Rome, et d'Athènes, et de Sparte, c'est parce que vous reconnaissez bien que les républiques qui ont été grandes, sages, qui se sont enrichies par les sciences, par les lettres, par les arts, par le commerce, par la guerre, que ces républiques-là ont été constituées dans des conditions qui manquent en France, dont la France n'est pas capable ; et je maintiens que s'il y a un pays au monde qui soit arrivé à l'état d'individualisation où de tous les gouvernements celui qui convient le moins c'est le gouvernement républicain, c'est la société française. Je comprendrais la République ailleurs, dans tout autre pays ; mais je maintiens que la société française est dans des conditions telles qu'une République raisonnable, une République constituée, nécessairement hiérarchisée, ne peut pas y être fondée, car l'action de la multitude tumultueuse, constituant un gouvernement de raison sans aucun degré quelconque dans l'échelle sociale, vous l'invoquez comme le beau idéal ; mais moi je dis qu'il n'y a pas de société possible dans ces conditions-là.

Vous repoussez pour la France ces conditions des républiques antiques qui ont duré comme grands gouvernements ; vous les repoussez parce que vous êtes obligés de reconnaître que la France n'est pas en état de les accepter.

Que voulez-vous pour elle ? Le gouvernement américain. Sauf quoi ? Je ne parle pas de l'esclavage ; mais sauf la fédération, c'est-à-dire sauf ce qui en est la base. Supprimez la fédération des Etats ; englobez les Etats du Nord et les Etats du Sud dans une grande unité sociale, et je défie le gouvernement américain de subsister un jour. (Approbation à droite.)

Ainsi, vous voulez nous donner un gouvernement qui serait, dites-vous, selon vos vœux, qui est celui dont la forme vous plaît, que vous acceptez pour votre avenir, et vous l'empruntez à un peuple bien jeune encore, à un peuple jeté sur des territoires bien vastes, assez peu nombreux encore sur un grand et riche territoire pour ne pas se disputer les fruits du travail, les fruits de la terre ; à un peuple qui est dans un pays où on ne peut vivre côte à côte, car un voisin gêne dans un pays où partout on trouve l'abondance et le bien-être.

Vous comparez ce peuple à un peuple serré, pressé sur un territoire qui est à peine assez productif, malgré les labeurs qui le déchirent, pour donner l'alimentation suffisante à tous ses habitants. Vous comparez ces deux Etats ; vous allez chercher pour nous un modèle de République chez une nation qui est placée dans des conditions toutes particulières, et vous arrachez précisément de la Constitution que vous nous offrez ce qui en est la base : la fédération : la fédération dont nous ne voulons pas, que la France doit repousser, car la France doit demander, doit garder sa grande unité, sa grande unité monarchique; elle en a besoin au milieu de l'Europe. L'unité, l'indivisibilité de ce territoire national de France avec sa population pressée sur toutes les parties de sa surface, l'indivisibilité de cette nation puissante, l'unité de territoire, voilà les conditions essentielles de la France! c'est une utopie.

Eh! mon Dieu! voulez-vous que je vous fasse ma confession?

Plusieurs membres à gauche : Oui !

M. BERRYER. Oui! j'y ai pensé; je ne l'ai dit à personne, je ne l'ai dit à aucun de mes amis ; c'est à tout le monde que je fais ma première confidence, c'est à mon pays tout entier. (Très bien!)

Eh bien! dans mon existence, j'ai traversé quatre grandes formes de gouvernement. Arrivé à l'adolescence, sous ce grand établissement de l'Empire, mon imagination, ma jeune ardeur furent enthousiasmées de cette situation qui portait si loin et si haut la grandeur du nom de la nation au milieu de laquelle j'étais né.

Ah! cela m'a séduit; j'étais bien impérialiste à dix-huit ans : j'étais bien impérialiste à vingt ans encore. Oh! la gloire de l'Empire! Mais je suis sorti du collège au bruit du canon d'Iéna, et quelle tête n'eût pas été enivrée alors? Mais j'ai vu, j'étudiais alors, je commençais à étudier comme M. Crémieux ; je me rendis compte un peu des gouvernements. J'avais un père, homme de labeur, homme de pauvreté, voulant m'inspirer le goût du travail. En 1811 ou 1812, il mit près de moi un ancien député des Etats-Généraux; il donna commission à cet ancien député de me faire étudier, quoi? Ce à quoi personne ne songeait dans le monde à cette époque, les procès-verbaux de l'Assemblée Constituante. Je les ai étudiés pendant dix-huit mois, avec ce vieux M. Bonnemans, ancien député aux Etats-Généraux. J'ai commencé à comprendre, j'ai senti le despotisme, et il m'a été odieux. Je n'ai pas attendu sa chute; j'ai ici de mes amis d'enfance, ils savent qu'avant la chute de l'Empire, je leur disais : « Vous ne vous rendez pas compte de votre gouvernement ; il est odieux, il est intolérable. La gloire ne couvre pas cela! »

Tu m'es témoin !

(Vive sensation. Tous les yeux se tournent vers M. de Grandville à qui l'orateur adresse cette apostrophe, et qui y répond par des signes réitérés d'affirmation.)

Messieurs, je vous demande pardon de la familiarité de mon langage. (Non! non! — Très bien! — Applaudissements et bravos à droite.) Mais après tout ce que nous avons entendu, quand je fais un effort d'esprit pour recueillir ce qui avait été dit et classer ces idées qui nous ont plus ou moins frappés, pour les reproduire devant vous, il n'y a plus de préparation, je m'abandonne à une liberté excessive dont je vous demande des excuses. (Non, non!— Très bien, très bien! — Continuez!)

Eh bien! oui, j'ai senti le despotisme, et il a gâté la gloire pour moi. (Sensation.)

Et puis j'ai vu l'infidélité de la victoire, j'ai vu l'étranger amené par nos revers jusqu'ici ; j'ai vu tout un grand gouvernement, une immense puissance qui reposait sur un seul homme disparaître, disparaître en un jour, disparaître parce que son épée était abattue, et qu'un jour il n'était pas triomphant : plus de gouvernement, plus de lois ; tout s'anéantissait, tout partait avec un seul homme.

Oh ! alors j'ai compris que malheur aux nations dont l'existence, dont le gouvernement, dont la constitution a tour à tour ou la mobilité des passions populaires qui conduit aux hontes du Directoire, ou l'autorité immense du génie d'un grand homme, qui conduit à d'éclatantes victoires, à d'immenses succès, mais aussi à d'affreux revers, à un anéantissement complet, à un effacement de tout ce qui constitue la société ; faire reposer la destinée d'un peuple sur la tête d'un seul homme, c'est le plus grand de tous les crimes. (Mouvement à gauche.) Ah ! j'ai compris alors la nécessité d'un principe. (Vive approbation et applaudissement à droite.)

Oui, j'ai voué ma vie à cette conviction que j'ai embrassée dans ma jeune expérience ; oui, j'ai eu foi dans la puissance d'un principe pour conserver, maintenir, développer, aggrandir, rendre puissante la société humaine, non pas la puissance des rois.

Ils sont rares ces grands génies que la succession amène sur le trône, ils sont rares, trop rares : il peut y avoir dans leur sang, et il y a dans leur sang, par un bienfait du ciel, une transmission de qualités bienveillantes et paternelles.., (Murmures à gauche.) d'amour du pays, de jalousie du pays dans lequel ils sont nés ; cela est traditionnel ; mais enfin les grands rois qui se font par eux-mêmes ne sont pas nombreux. Un principe, au contraire, qui assure la stabilité du pouvoir, qui, par conséquent, assure la liberté et la hardiesse d'un grand peuple, sous cette ordre sérieusement et fortement établi et non contesté, oh ! je comprends sa puissance, non pas pour l'intérêt de la personne du roi, mais pour l'intérêt du peuple qui, sous la fixité de l'ordre qui le constitue, de la loi qui le constitue, sont la liberté de son action, l'indépendance de sa vie et la faculté d'exercice de toutes ces puissances ! c'est ainsi que j'ai compris le principe, que je m'y suis attaché, que je m'y suis voué.

J'ai été royaliste alors, royaliste de principe, royaliste national, royaliste (passez-moi le mot ; ne riez pas, car vous blesseriez par des rires le plus vrai, le plus profond, le plus sincère de mes sentiments), royaliste, parce que je suis patriote, très bon patriote. (Applaudissements et bravos prolongés à droite.)

Eh bien ! oui, je l'ai vu tomber ce gouvernement qui avait ma foi, et je me suis défié, et j'ai lutté contre le gouvernement qui lui a succédé, et j'ai cru qu'en abandonnant le principe, quelque zèle ardent qu'il eût pour la prospérité matérielle, pour les libertés du pays, pour le maintien du gouvernement représentatif des idées de 89, la puissance et la force du principe lui manquant,

11

c'était une illusion, c'était une erreur d'âmes généreuses, peut-être c'était une erreur de mon pays qui ne durerait pas. Il est tombé.

Toutes ces ruines, toutes ces accumulations de principes, de convictions, de gouvernements, d'illusions détruites, j'ai vu tout cela ; et croyez-vous que je ne me sois pas demandé, au moment même de la révolution du 24 février, dans cette journée du 24 février : Mais pourquoi cette France intelligente, cette France qui a pratiqué les libertés et les gouvernements, cette France qui a dans son sein de grandes existences, de grandes propriétés, des droits acquis, des noms honorés, des noms qui inspirent la confiance, l'estime publique, noms anciens, noms nouveaux, mais tous considérés dans ce pays, pourquoi cette France ne se gouvernerait-elle pas elle-même ? pourquoi la forme de son gouvernement ne serait-elle pas quelque chose comme celle du gouvernement américain ?

Oui, je me le suis demandé ; mais je n'ai pas eu de doute par la réflexion, je n'en pouvais pas avoir. J'ai vu ce que c'était que la République pour une vieille société, dans laquelle des intérêts sont nés, se sont développés, où des richesses ont été acquises et se sont justement transmises, pour une société où existaient des gloires, des honneurs, des distinctions personnelles ou héréditaires, et où tout cela s'attachait, malgré l'égalité, à des individualités ; alors j'ai compris que dans cette vieille société la République, antipathique à ses traditions, à sa constitution, à ses besoins, à sa position en Europe, à son ascendant au milieu des puissances, ne serait rien autre chose que le terrain des ambitions, des jalousies, des cupidités, des mécontentements, des rancunes. (Très bien ! très bien !)

On nous l'a démontré par des faits.

Oui, j'ai pu me demander un jour si un gouvernement analogue à celui des Etats-Unis serait praticable en France. En y réfléchissant, je l'ai reconnu impossible.

Il n'y a pas d'esprit qui, de bonne foi, sans passion, n'ayant aucun intérêt personnel, ayant des convictions, des affections, des respects, des attachements, mais enfin s'élevant au-dessus de ces attachements personnels, il n'y a pas d'esprit qui n'arrive à cette conclusion : la République est antipathique à l'existence, aux instincts, aux mœurs d'une vieille société de 35 millions d'hommes pressés sur un même territoire. (Vive approbation sur les bancs de la majorité. — Rires sur les bancs de l'extrême gauche.)

Ah ! j'oubliais que vous nous avez cité une grande autorité, les paroles d'un grand génie, de Napoléon.

Napoléon à Ste-Hélène, dites-vous, a appelé la République comme un progrès naturel de la société française. Non ! non ! Lui qui avait tant fait pour comprimer vos principes, pour assouplir et dominer les hommes que vous avez exaltés ; lui qui avait tant fait pour reconstituer l'autorité en France, quand cette œuvre qu'il avait étendue par-delà les frontières de son empire, et qui faisait seule sa puissance sur toutes les nations voisines, a été brisée, comme je le disais tout à l'heure, parce que la victoire lui a manqué un jour. Quand il s'est vu solitaire en face de sa grande entreprise; quand ce hardi génie, qui avait eu foi en lui pour reconstituer l'autorité en France, quand il a vu son œuvre tomber, ah! c'est comme une menace, une menace vengeresse qu'il a dit à l'Europe, qui avait détruit son œuvre : « Tu seras républicaine ou cosaque ! » (L'accent avec lequel l'orateur prononce ces paroles provoque de longs applaudissements.)

Ne vous y trompez pas, le mot de Napoléon, c'est la malédiction d'un grand cœur étonné et contristé de sa chute ; cela n'a pas d'autre sens.

Nous avons l'histoire ; elle nous a transmis des exclamations testamentaires des deux hommes qui ont agi le plus puissamment sur le temps dans lequel nous avons vécu, Napoléon et Mirabeau ; Mirabeau qu'on citait hier, cet immense tribun, cet homme qui avait tant ébranlé le pouvoir et les conditions de la société française, ce tribun, cet homme immense qui a épuisé les dernières années de sa vie pour s'efforcer de relever et de rétablir les ruines qu'il avait faites.....

A droite : C'est cela !

M. BERRYER. Quand ce géant s'est vu brisé sous ses ruines et sous ses labeurs, qu'a-t-il fait? Il a poussé un cri de désespoir : « J'emporte le deuil de la monarchie; les factieux s'en disputeront les lambeaux ! »

Oui, tous deux, Napoléon, Mirabeau, ces grands génies qui ont eu la témérité, la superbe témérité d'oser vouloir disposer et de tout un siècle et de tout un grand peuple, de vouloir en disposer de par le droit seul du génie, ils se sont tellement affaiblis sous le poids de cette responsabilité, que tous deux se sont dit : L'autorité! l'autorité ! elle est brisée. Là où l'autorité est brisée, il n'y a plus de société, les factions s'en partageront les lambeaux! Voilà le sens des paroles de tous deux. (Bravos et applaudissements prolongés sur les bancs de la majorité.)

M. LE PRÉSIDENT. C'est du Mirabeau !

M. BERRYER. Messieurs, je veux terminer ; mes forces me trahissent ; nous nous retrouverons dans le cours de la discussion. Il y a bien d'autres objections, eh ! mon Dieu, auxquelles vous attachez plus d'importance, précisément parce que ce sont celles que j'ai omises : elles pourront venir dans le débat.

Qu'il me soit permis de terminer en rentrant un peu dans la question que l'Assemblée doit débattre. (Ecoutez ! écoutez !)

Nous avons eu tous les deux plus qu'aucun autre, M. Michel (de Bourges) et moi, le tort de nous écarter peut-être trop de la question même. (Non ! non !—Parlez !)

Messieurs, pour me résumer en peu de mots, je viens dire à

mon pays ma pensée tout entière. (Nouveau mouvement d'intérêt.)

Je sais que des hommes qui partagent mes sentiments ne partagent pas ma pensée sur la révision ; je sais que des hommes qui ne sont pas depuis longtemps mes amis politiques, des hommes avec lesquels, dans l'intérêt de cette malheureuse France, je désire, du fond de mes entrailles, pouvoir être intimement uni ; je sais que ces hommes ne partagent pas ma pensée, ma conviction sur la nécessité de voter la révision de la Constitution.

Mon esprit est peut-être trop effrayé et de la situation que la Constitution fait à 1852, et de l'immense danger d'une réélection présidentielle faite en dehors de la Constitution. Mais supposez que, dans sa lassitude, dans ses illusions, s'il en a encore, le peuple, alors qu'il s'agira de prendre un chef d'État, excité par le retentissement sous les chaumières de ce nom de Bonaparte, et, comme on le disait hier, il n'y a pas d'autre nom en France aussi connu que celui-là ; supposez, dis-je, que le peuple, malgré la Constitution qui limite la durée des pouvoirs présidentiels, veuille appeler encore par des millions de voix à la présidence de la France Louis-Napoléon Bonaparte ; eh bien ! je dis, Messieurs, que tout est perdu ! (Mouvement).

Non, écoutez-moi, je ne l'attaque pas ; je n'ai pas voté pour lui, mais je maintiens qu'il a rendu un grand service en se plaçant à la tête des affaires. Peut-être, en aurait-il rendu d'immenses, et trouverait-il d'autres sentiments dans les cœurs qui sentent et réfléchissent en France, s'il avait consenti à prendre pour guide la majorité, au lieu de songer un jour à s'en faire un appui!

Quoi qu'il en soit, si l'aveuglement, si un vote de découragement, si le besoin d'une transaction commode, en apparence facile, fait réélire inconstitutionnellement le Président actuel de la République, voilà un homme, par le vote direct, par la volonté nationale, par des millions de suffrages, proclamé, placé au-dessus de la Constitution, au-dessus des lois.

Or, je maintiens qu'il faudrait qu'il fût supérieur à l'humanité si, dans cette situation, ainsi perpétuée malgré les lois du pays, il ne s'imaginait pas qu'il était dans son droit, qu'il entrait même dans son devoir, de par les millions de voix qui l'auraient élu, de briser tous les obstacles, de renverser Constitution et Assemblée, la nation l'ayant placé au-dessus de tous dans son individualité. Que feriez-vous alors ?

Voix nombreuses à gauche : Nous résisterions !

M. BERRYER. Vous résisteriez ! je n'en doute pas ; vous résisteriez ici, dans cette Chambre, pendant la semaine d'existence que vous auriez encore après cette réélection inconstitutionnelle ; vous résisteriez, vous soutiendriez la lutte?... Et quelle lutte ! Nous ne voulons pas de guerre civile en France ; mais en est-il une occasion plus redoutable : le parti du Parlement, le parti du Président !

Vous perpétueriez-vous ? vous prolongeriez-vous pour soutenir cette lutte ? vous feriez-vous Long-Parlement ? En auriez-vous..... Oui, vous en auriez l'énergie, parce que vous êtes patriotes ; mais vous violeriez donc aussi vous-mêmes la Constitution ? Ainsi, et par la nation et par l'Assemblée, pour soutenir la lutte engagée, la Constitution serait violée, la lutte serait établie.

Eh bien ! oui, je redoute cette situation ; c'est en vue de cette situation que je demande que mon pays, bien avisé sur de tels dangers, envoie une Assemblée de révision ; que la réunion de cette Assemblée ait lieu avant l'époque où pourrait être commis le crime anti-national de la perpétuité inconstitutionnelle des pouvoirs du Président. Oui, la France a deux dangers contre lesquels, dans ma pensée, elle doit se prémunir, et je n'ai vu que la convocation d'une Assemblée de révision, avant cette époque redoutable, qui pût l'en prémunir.

Réélection, prorogation, sont deux dangers égaux ; introduisez dans votre Constitution, telle qu'elle est, un semblant de monarchie, un semblant d'autorité personnelle ; perpétuez, prolongez sous une forme quelconque, légale ou extra-légale, les pouvoirs d'un Président de la République dans les conditions où est le Président actuel, vous prolongez le déchirement, la lutte, les malheurs ; vous prolongez les calamités. Que mon pays m'entende ! Je ne crois pas, je n'espère pas que la majorité pour la révision soit la majorité constitutionnelle.

Je crois que la révision, que je veux voter, n'aura qu'une majorité numérique dans l'Assemblée, mais je supplie mes concitoyens, mais je supplie les membres de la majorité, s'ils n'ont qu'une majorité numérique, d'accepter leur défaite, de respecter et de maintenir la Constitution, sauf qu'elle ne sera pas régulièrement révisée. Armons-nous de la légalité dans des temps qui seront bien difficiles.

Si la convocation d'une assemblée de révision, d'une assemblée ayant tous les pouvoirs de la nation, d'une assemblée supérieure à toute personne et à toute autre assemblée, d'une assemblée supérieure à toute autre réunion de citoyens, si cette convocation n'a pas lieu, acceptons notre défaite, attachons-nous à la légalité. Une loi telle quelle, une loi mauvaise, mais une loi dominant le pays vaut mieux que de n'avoir aucune loi. Ne laissons jamais briser la loi qui existe tant qu'elle n'est pas régulièrement révisée, attachons-nous à la légalité. Je ne crois pas que ce soit une force qui suffise en face de tels périls, mais enfin, si la révision n'a pas lieu, c'est la seule chose qui nous reste, et je conjure mes concitoyens de l'employer avec ardeur.

Ici, messieurs de la majorité, mes vieux amis politiques dont je partage les convictions, les sentiments sur les besoins actuels de la société, je vous en conjure, unissons-nous étroitement dans cette pensée, dans cette résolution de faire respecter la légalité.

Permettez-moi un dernier mot; c'est un souvenir de ce que j'ai entendu hier, de ce que j'ai entendu aujourd'hui qui saisit ma pensée en ce moment.

Ah ! mes amis, messieurs de la majorité, comprenez bien, écoutez, reconnaissez les voix qui nous entretiennent de nos dissensions passées, qui aigrissent nos dissentiments, qui approfondissent les divisions qui nous ont affaiblis; reconnaissez leurs voix; comprenez-les, qu'elles vous soient un immense avertissement, unissons-nous de plus en plus, car le jour des périls approche. Majorité, tous de la majorité, soyez inséparables en face des dangers et de la sédition et de l'ambition; soyez inséparables dans l'ordre légal, rappelez-vous comment nous avons traversé les mauvais jours; que ce souvenir douloureux soit une leçon immense, une leçon puissante pour nous rendre forts en face des périls qui s'avancent !

Toute la salle, au moment où M. Berryer descend de la tribune, retentit des plus vifs applaudissements. Une multitude, de représentants se pressent autour de l'orateur, dont l'éloquence ne nous paraît point s'être élevée encore à une pareille hauteur, et ils lui témoignent leur admiration.

TABLE DES MATIÈRES.

AVANT PROPOS. V

I. Lettre de M. A. Pageot, ancien ministre plénipotentiaire de France, démissionnaire de 1848, à M. le Rédac-
. teur en chef du *Journal des Débats* (mars 1851). . .   2

II. Lettre de M. Anot de Maizières, à M. Chambolle,
représentant du peuple et rédacteur en chef du journal
l'*Ordre* (mars 1851).   3

III. Lettre pastorale de Mgr l'évêque de Chartres au
clergé de son diocèse, où sont présentées des observations
sur le dernier Mandement de Mgr l'archevêque de Paris
(mars 1851).   13

IV. Ordonnance de Mgr l'archevêque de Paris déférant
au concile provincial la lettre pastorale de Mgr l'évêque
de Chartres du 12 mars 1851.   22

V. Lettre de M. le comte de Chambord à M. Berryer (janvier 1851).   28

VI. Extrait d'un projet de délibération du conseil d'Etat,
sur le rétablissement de l'hérédité (1804).   31

VII. Extrait d'une lettre de M. Anot de Maizières au journal
l'*Union* (avril 1851)   35

VIII. Déclaration de principes du journal l'*Assemblée nationale* (avril 1851).   39

IX. Lettre de M. Madier de Montjau père, au rédacteur
du *Mémorial Bordelais* (août 1849).   43

X. Qui a émancipé le peuple ? (avril 1851).   47

XI. Réponse à des questions que chacun se fait, par M. le
duc de Valmy.   54

XII. Extrait du livre de M. de Salvandy : *Vingt mois de
Révolution.*   61

XIII. Lettre de M. Vésin, représentant, au rédacteur de
l'*Echo de l'Aveyron* (août 1850).   64

XIV. Lettre de M. A. Pageot au journal l'*Assemblée nationale* (avril 1851)   68

XV. Extrait de l'ouvrage de M. Sauzet : *La Chambre des
Députés et la Révolution de février.*   72

XVI. La divinité de Jésus-Christ et l'empereur Napoléon.   78

XVII. Lettre de Louis-Philippe d'Orléans au roi Charles X
(31 juillet 1830).   84

XVIII. Les Bourbons (Châteaubriand). 86

XIX. Lettre du citoyen G..., rédacteur en chef de l'article Convention nationale du *Moniteur*, au citoyen Robespierre (juin 1793). 88

XX. Une lettre de M. le comte de Chambord (1844). . . 90

XXI. Lettre de M. le comte de Marcellus à M. le rédacteur en chef de l'*Assemblée nationale*. 92

XXII. Fusion (*Assemblée nationale*). 95

XXIII. Témoignages républicains en faveur de la monarchie. 97

XXIV. La députation lyonnaise à Frohsdorff. . . . 99

XXV. La politique anglaise en Europe. 102

XXVI. Récit du voyage des cinq ouvriers lyonnais à Frohsdorff, par l'un d'eux. 106

XXVII. Réflexions d'Edmond Burke sur le principe d'hérédité. 111

XXVIII. Lettre de M. Carlos de Bouville au *Courrier de la Gironde.*— Le maréchal Bugeaud fusioniste (mai 1851). 113

XXIX. Avenir de Bonaparte et des Bourbons prédit par M. de Maistre. 117

XXX. Protestation de M. Jeannel, professeur de philosophie à la Faculté des lettres de Rennes, contre *les principes de la révolution française et de la monarchie constitutionnelle*, par M. V. Cousin. 123

XXXI. Discours de M. de Falloux dans la discussion sur la révision de la Constitution (Assemblée législative, séance du 14 juillet 1851). 128

XXXII. Discours de M. Berryer (Assemblée législative, séance du 16 juillet 1851). 143

POITIERS. — IMPRIMERIE DE HENRI OUDIN.

www.ingramcontent.com/pod-product-compliance
Lightning Source LLC
Chambersburg PA
CBHW070305290326
41930CB00040B/2243